◆ 管理类联考综合能力历年真题集 ◆

MBA MEM MPA MPAcc 等管理类联考专用

综合能力
历年真题集

攻克历年考试真题
刷题寻找考试规律
提前掌握考试套路

◎ 都学网学术中心 组编

UESTCP 电子科技大学出版社

图书在版编目（CIP）数据

MBA、MEM、MPA、MPAcc等管理类联考专用综合能力历年真题集 / 都学网学术中心组编. 一成都 ： 电子科技大学出版社，2018.2

ISBN 978-7-5647-5733-5

Ⅰ.①M... Ⅱ.①都… Ⅲ.①管理学－研究生－入学考试－习题集 Ⅳ. ①C93-44

中国版本图书馆CIP数据核字(2018)第026123号

本书精心收录了2011年～2018年的8年管理类联考综合能力真题，一比一还原考场试题，让考生提前感受考场氛围。配套手机题库真题解析，名师为你全方位展示真题的解题之道。赠送名师在线真题直播课程，跟名师零距离学习管理类联考综合能力真题，讲一学一练一测一评，五位一体全方面提升考试能力。

本书适合2019年MBA、MEM、MPA、MPAcc等备考管理类联考的考生使用。

MBA、MEM、MPA、MPAcc等管理类联考专用综合能力历年真题集

MBA MEM MPA MPAcc DENG GUAN LI LEI LIAN KAO ZHUAN YONG ZONG HE NENG LI LI NIAN ZHEN TI JI

都学网学术中心 组编

策划编辑　杨仪玮
责任编辑　杨仪玮

出版发行　电子科技大学出版社
　　　　　成都市一环路东一段159号电子信息产业大厦九楼　邮编 610051
主　　页　www.uestcp.com.cn
服务电话　028-83203399
邮购电话　028-83201495

印　　刷　广州锦盈印业有限公司
成品尺寸　185mm × 260mm
印　　张　8.5
字　　数　214 千字
版　　次　2018 年 2 月第 1 版
印　　次　2018 年 2 月第 1 次印刷
书　　号　ISBN 978-7-5647-5733-5
定　　价　29.90 元

电子科技大学出版社
微信公众号

使用指南

GUIDELINES

众所周知，历年真题是考研最宝贵的复习资料，一本高质量的真题试卷集绝对可以帮助考生实现成绩和能力的飞跃。

一、本书内容特色

（1）**真题完美呈现，旨在还原真实考场**。都学网精心收录了2011年～2018年的8年真题，一比一还原考场试题，让考生提前感受考场氛围。

（2）**知识从点到线，从线到面，全方位贯穿式学习**。通过分析历年真题，考生可以发现命题人命题特点和命题趋势，找到知识点之间的联系。

（3）**透析命题思路，掌握考试套路**。客观题的选项设置理念就是用一些错误选项迷惑考生，因此，考生不仅需要知道正确选项为什么对，而且还需要弄懂错误选项为什么错。

二、本书配套学习服务

（1）**名师真题直播集训营**。凡是购买真题试卷集的同学，全部免费赠送2800元的名师真题直播集训营，行业名师零距离为你解析历年真题的命题脉络和解题思路。真题直播集训营学习网址：https://www.doxue.com/course/detail/5889。

（2）**名师主导的学习社群**。凡是购买真题试卷集的同学，都可以免费加入2019真题集训营学习社群。同学们可以一起学，不孤单，共同考入理想的大学。欢迎同学们加入学习社群，QQ群：552779493。

（3）**智能学习的手机题库**。凡是购买真题试卷集的同学，都可以免费使用智能手机题库。手机题库重视解题技巧的训练，章节练习和模拟试题帮助考生掌握核心考点，错题本自动归纳难点和易错题，实现一对一的智能复习。

（4）**全国万人公益大模考**。自2015年以来都学网与各大院校共同发起万人公益大模考，为考生提供优质的模考服务、真实的考场环境,帮助了数十万考生完成考前的模拟考试演练，被考生一致视为检验复习成果的试金石。

希望通过我们的不懈努力，每一个心怀梦想的学子都可以成就美好的未来。

扫码加入QQ学习社群

一起学，不孤单

扫码观看名师

真题同步直播

目录

CONTENTS

绝密★启用前
综合试卷

2018年全国硕士研究生入学统一考试

综合能力

（科目代码：199）

研考 综合 试卷条形码

○考生注意事项○

1. 答题前，考生须在试题册指定位置上填写考生编号和考生姓名；在答题卡指定位置上填写报考单位、考生姓名和考生编号，并涂写考生编号信息点。

2. 考生须把试题册上的“试卷条形码”粘贴条取下，粘贴在答题卡的试卷条形码粘贴位置框中。不按规定粘贴条形码而影响评卷结果的，责任由考生自负。

3. 选择题的答案必须涂写在答题卡相应题号的选项上，非选择题的答案必须书写在答题卡指定位置的边框区域内。超出答题区域书写的答案无效；在草稿纸、试题册上答题无效。

4. 填（书）写部分必须使用黑色签字笔书写，字迹工整、笔迹清楚；涂写部分必须使用2B铅笔填涂。

5. 考试结束，将答题卡按规定交回。

（以下信息考生必须认真填写）

考生编号														
考生姓名														

一、问题求解：第 1～15 小题，每小题 3 分，共 45 分。下列每题给出的 A、B、C、D、E 五个选项中，只有一项是符合试题要求的。

1. 学科竞赛设一等奖、二等奖和三等奖，比例为 $1:3:8$，获奖率为 30%，已知 10 人获得一等奖，则参加竞赛的人数为（　）.

A. 300　　B. 400　　C. 500　　D. 550　　E. 600

2. 为了解某公司员工的年龄结构，按男、女人数的比例进行了随机检查，结果如下：

男员工年龄（岁）	23	26	28	30	32	34	36	38	41
女员工年龄（岁）	23	25	27	27	29	31			

根据表中数据估计，该公司男员工的平均年龄与全体员工的平均年龄分别是（单位：岁）（　）.

A. 32, 30　　B. 32, 29.5　　C. 32, 27

D. 30, 27　　E. 29.5, 27

3. 某单位采取分段收费的方式收取网络流量（单位：GB）费用. 每月流量 20（含）以内免费，流量 20 到 30（含）的每 GB 收费 1 元，流量 30 到 40（含）的每 GB 收费 3 元，流量 40 以上的每 GB 收费 5 元. 小王这个月用了 45GB 的流量，则他应该交费（　）.

A. 45 元　　B. 65 元　　C. 75 元

D. 85 元　　E. 135 元

4. 如图，圆 O 是三角形的内切圆，若三角形 ABC 的面积与周长的大小之比为 $1:2$，则圆 O 的面积为（　）.

A. π　　B. 2π

C. 3π　　D. 4π

E. 5π

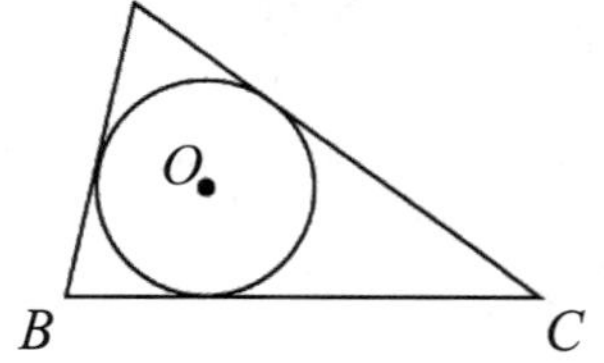

5. 设实数 a, b 满足 $|a-b|=2$, $|a^3-b^3|=26$, 则 $a^2+b^2=$（　）.

A. 30　　B. 22　　C. 15　　D. 13　　E. 10

6. 有 96 位顾客至少购买了甲、乙、丙三种商品中的一种. 经调查，同时购买了甲、乙两种商品的有 8 位，同时购买了甲、丙两种商品的有 12 位，同时购买了乙、丙两种商品的有 6 位，同时购买了三种商品的有 2 位，则仅购买一种商品的顾客有（　）.

A. 70 位　　B. 72 位　　C. 74 位　　D. 76 位　　E. 82 位

7. 如图，四边形 $A_1B_1C_1D_1$ 是平行四边形，A_2,B_2,C_2,D_2 分别是四边形 $A_1B_1C_1D_1$ 四边的中点，

A_3,B_3,C_3,D_3分别是四边形$A_2B_2C_2D_2$四边的中点，依次下去，得到四边形序列$A_nB_nC_nD_n$（$n=1,2,3,\cdots$），设$A_nB_nC_nD_n$的面积为S_n，且$S_1=12$，则$S_1+S_2+S_3+\cdots=$（　）.

A. 16　　B. 20

C. 24　　D. 28

E. 30

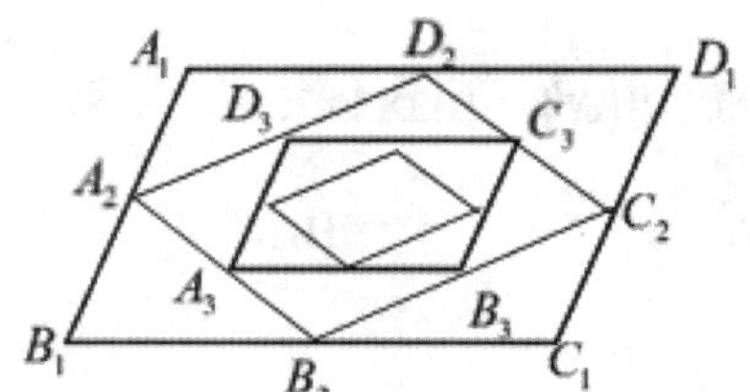

8. 将6张不同的卡片2张一组分别装入甲、乙、丙3个袋中，若指定的2张卡片要在同一组，则不同的装法有（　）.

A. 12种　B. 18种　C. 24种　D. 30种　E. 36种

9. 甲乙两人进行围棋比赛，约定先胜2盘者赢得比赛，已知每盘甲获胜的概率是0.6，乙获胜的概率是0.4，若乙在第一盘获胜，则甲赢得比赛的概率为（　）.

A. 0.144　B. 0.288　C. 0.36　D. 0.4　E. 0.6

10. 已知圆$C:x^2+(y-a)^2=b$，若圆C在点$(1,2)$处的切线与y轴的交点为$(0,3)$，则$ab=$（　）.

A. −2　B. −1　C. 0　D. 1　E. 2

11. 羽毛球队有4名男运动员和3名女运动员，从中选出两对参加混双比赛，则不同的选择方式有（　）.

A. 9种　B. 18种　C. 24种　D. 36种　E. 72种

12. 从标号为1到10的10张卡片中随机抽取2张，它们的标号之和能被5整除的概率为（　）.

A. $\frac{1}{5}$　B. $\frac{1}{9}$　C. $\frac{2}{9}$　D. $\frac{2}{15}$　E. $\frac{7}{45}$

13. 某单位为检查3个部门的工作，由这3个部门的主任和外聘的3名人员组成检查组，分2人一组检查工作，每组有1名外聘人员，规定本部门主任不能检查本部门，则不同的安排方式有（　）.

A. 6种　B. 8种　C. 12种　D. 18种　E. 36种

14. 如图，圆柱体的底面半径为2，高为3，垂直于底面的平面截圆柱体所得截面为矩形$ABCD$，若弦AB所对的圆心角为$\pi/3$，则截掉部分（较小部分）的体积为（　）.

A. $\pi-3$　　B. $2\pi-6$

C. $\pi-3\sqrt{3}/2$　　　　D. $2\pi-3\sqrt{3}$

E. $\pi-\sqrt{3}$

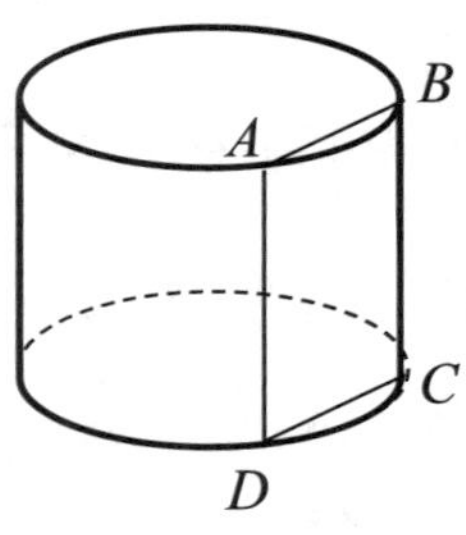

15. 函数 $f(x)=\max\{x^2,-x^2+8\}$ 的最小值为（　）.

A. 8　　B. 7　　C. 6　　D. 5　　E. 4

二、条件充分性判断：第 16～25 小题，每小题 3 分，共 30 分。要求判断每题给出的条件（1）和条件（2）能否充分支持题干所陈述的结论。A、B、C、D、E 五个选项为判断结果，请选择一项符合试题要求的判断。

（A）条件（1）充分，但条件（2）不充分.

（B）条件（2）充分，但条件（1）不充分.

（C）条件（1）和条件（2）单独都不充分，但条件（1）和条件（2）联合起来充分.

（D）条件（1）充分，条件（2）也充分.

（E）条件（1）和条件（2）单独都不充分，条件（1）和条件（2）联合起来也不充分.

16. 设 x，y 为实数，则 $|x+y|\leqslant 2$.

（1）$x^2+y^2\leqslant 2$.

（2）$xy\leqslant 1$.

17. 设 $\{a_n\}$ 为等差数列，则能确定 $a_1+a_2+\cdots+a_9$ 的值.

（1）已知 a_1 的值.

（2）已知 a_5 的值.

18. 设 m，n 是正整数，则能确定 $m+n$ 的值.

（1）$\frac{1}{m}+\frac{3}{n}=1$.

（2）$\frac{1}{m}+\frac{2}{n}=1$.

19. 甲、乙、丙三人的年收入成等比数列, 则能确定乙的年收入的最大值.

（1）已知甲、丙两人的年收入之和.

（2）已知甲、丙两人的年收入之积.

20. 如图, 在矩形 $ABCD$ 中, $AE=FC$, 则三角形 AED 与四边形 $BCFE$ 能拼接成一个直角三角形.

（1） $EB=2FC$.

（2） $ED=EF$.

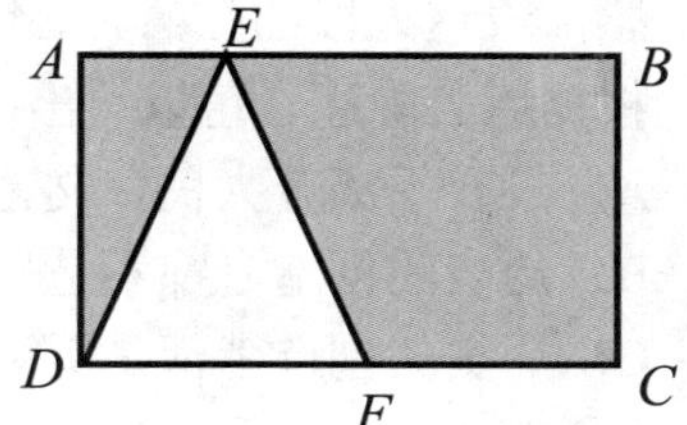

21. 甲购买了若干件 A 玩具、乙购买了若干件 B 玩具送给幼儿园, 甲比乙少花了 100 元, 则能确定甲购买的玩具件数.

（1）甲与乙共购买了 50 件玩具.

（2）A 玩具的价格是 B 玩具的 2 倍.

22. 已知点 $P(m,0), A(1,3), B(2,1)$, 点 (x,y) 在三角形 PAB 上, 则 $x-y$ 的最小值与最大值分别为 -2 和 1.

（1） $m\leqslant 1$.

（2） $m\geqslant -2$.

23. 如果甲公司的年终奖总额增加25%, 乙公司的年终奖总额减少10%, 两者相等, 则能确定两公司的员工人数之比.

（1）甲公司的人均年终奖与乙公司的相同.

（2）两公司的员工人数之比与两公司的年终奖总额之比相等.

24. 设 a, b 为实数, 则圆 $x^2+y^2=2y$ 与直线 $x+ay=b$ 不相交.

（1） $|a-b|>\sqrt{1+a^2}$.

（2） $|a+b|>\sqrt{1+a^2}$.

25. 设函数 $f(x)=x^2+ax$, 则 $f(x)$ 的最小值与 $f(f(x))$ 的最小值相等.

（1） $a\geqslant 2$.

（2） $a\leqslant 0$.

三、逻辑推理：第 26～55 小题，每小题 2 分，共 60 分。下列每题给出的 A、B、C、D、E 五个选项中，只有一项是符合试题要求的。

26. 人民既是历史的创造者，也是历史的见证者；既是历史的“剧中人”，又是历史的“剧作者”。离开人民，文艺就会变成无根的浮萍、无病的呻吟、无魂的躯壳。关注人民的生活、命运、情感，表达人民的心愿、心情、心声，我们的作品才会在人民中传之久远。

根据以上陈述，可以得出以下哪项?

A. 只有不离开人民，文艺才不会变成无根的浮萍、无病的呻吟、无魂的躯壳。

B. 历史的创造者都不是历史的“剧中人”。

C. 历史的创造者都是历史的见证者。

D. 历史的“剧中人”都是历史的“剧作者。”

E. 我们的作品只要表达人民的心愿、心情、心声，就会在人民中传之久远。

27. 盛夏时节的某一天，某市早报刊载了由该市专业气象台提供的全国部分城市当天的天气预报，择其内容列表如下:

天津	阴	上海	雷阵雨	昆明	小雨
呼和浩特	阵雨	哈尔滨	多云	乌鲁木齐	晴
西安	中雨	南昌	大雨	香港	多云
南京	雷阵雨	拉萨	阵雨	福州	阴

根据上述信息，以下哪项做出的论断最为准确？

A. 由于所列城市盛夏天气变化频繁，所以上面所列的 9 类天气一定就是所有的天气类型。

B. 由于所列城市并非我国的所有城市，所以上面所列的 9 类天气一定不是所有的天气类型。

C. 由于所列城市在同一天不一定展示所有的大气类型，所以上面所列的 9 类天气可能不是所有的天气类型。

D. 由于所列城市在同一天可能展示所有的天气类型，所以上面所列的 9 类天气一定是所有的天气类型。

E. 由于所列城市分处我国的东南西北中，所以上面所列 9 类天气一定就是所有的天气类型。

28. 现在许多人很少在深夜 11 点以前安然入睡，他们未必都在熬夜用功，大多是在玩手机或看电视，其结果就是晚睡，第二天就会头晕脑胀，哈欠连天。不少人常常对此感到后悔，但一到晚上他们多半还会这么做。有专家就此指出，人们似乎从晚睡中得到了快乐，但这种快乐其实隐藏着某种烦恼。

以下哪项如果为真，最能支持上述专家的结论？

A. 晨昏交替，生活周而复始，安然入睡是对当天生活的满足和对明天生活的期待。而晚睡者只活在当下，活出精彩。

B. 晚睡者具有积极的人生态度。他们认为，当天的事必须当天完成，哪怕晚睡也在所不惜。

C. 大多数习惯晚睡的人白天无精打采，但一到深夜就感觉自己精力充沛，不做点有意义的事情就觉得十分可惜。

D. 晚睡其实是一种表面难以察觉的，对“正常生活”的抵抗，它提醒人们现在的“正常生活”存在着某种令人不满的问题。

E. 晚睡者内心并不愿意晚睡，也不觉得手机或电视有趣，甚至都不记得玩过或看过什么，他们总是要在睡觉前花比较长时间磨蹭。

29. 分心驾驶是指驾驶人为满足自己的身体舒适、心情愉悦等需求而没有将注意力全都集中于驾驶过程的驾驶行为，常见的分心行为有抽烟、饮水、进食、聊天、刮胡子、使用手机、照顾小孩等。某专家指出，分心驾驶已成为我国道路交通事故的罪魁祸首。

以下哪项如果为真，最能支持上述专家的观点？

A. 一项统计研究表明，相对于酒驾、药价、超速驾驶、疲劳驾驶等情形，我国由分心驾驶导致的交通事故占比最高。

B. 驾驶人正常驾驶时反应时间为0.3~1.0秒，但使用手机时反应时间则延迟3倍左右。

C. 开车使用手机会导致驾驶人注意力下降20%；如果驾驶人边开车边发短信，则发生车祸的概率是正常驾驶时的23倍。

D. 近来使用手机已成为我国驾驶人分心驾驶的主要表现形式，59%的人开车过程中看微信，31%的人玩自拍，36%的人刷微博、微信朋友圈。

E. 一项研究显示，在美国超过1/4的车祸是由驾驶人使用手机引起的。

30～31题基于以下题干：

某工厂有一员工宿舍住了甲、乙、丙、丁、戊、己、庚7人，每人每周需要轮流值日一天，且每天仅安排一人值日，他们值日的安排还需满足以下条件：

（1）乙在周二或周六值日；

（2）如果甲在周一值日，那么丙在周三值日且戊在周五值日；

（3）如果甲不在周一值日，那么己在周四值日且庚在周五值日；

（4）如果乙在周二值日，那么己在周六值日。

30. 根据以上条行，如果丙在周日值日，则可以得出以下哪项？

A. 甲在周日值日。

B. 乙在周六值日。

C. 丁在周二值日。

D. 戊在周三值日。

E. 己在周五值日。

31. 如果庚在周四值日，那么以下哪项一定为假？

A. 甲在周一值日。

B. 乙在周六值日。

C. 丙在周三值日。

D. 戊在周日值日。

E. 己在周二值日。

32. 唐代韩愈在《师说》中指出:“孔子曰：三人行，则必有我师。是故弟子不必不如师，师不必贤于弟子，闻道有先后，术业有专攻，如是而已。”

根据上述韩愈的观点，可以得出以下哪项？

A. 有的弟子必然不如师。

B. 有的弟子可能不如师。

C. 有的师不可能贤于弟子。

D. 有的弟子可能不贤于师 。

E. 有的师可能不贤于弟子。

33.“二十四节气”是我国在农耕社会生产生活的时间活动指南,反映了从春到冬一年四季的气温、降水、物候的周期性变化规律。已知各节气的名称具有如下特点:

（1）凡含“春”“夏”“秋”“冬”字的节气各属春、夏、秋、冬季;

（2）凡含“雨”“露”“雪”字的节气各属春、秋、冬季;

（3）如果“清明”不在春季，则“霜降”不在秋季;

（4）如果“雨水”在春季，则“霜降”在秋季。

根据以上信息，如果从春至冬每季仅列两个节气，则以下哪项是不可能的？

A. 雨水、惊蛰、夏至、小暑、白露、霜降、大雪、冬至。

B. 惊蛰、春分、立夏、小满、白露、寒露、立冬、小雪。

C. 清明、谷雨、芒种、夏至、立秋、寒露、小雪、大寒。

D. 立春、清明、立夏、夏至、立秋、寒露、小雪、大寒。

E. 立春、谷雨、清明、夏至、处暑、白露、立冬、小雪。

34. 刀不磨要生锈，人不学要落后。所以，如果不想落后，就应该多磨刀。以下哪项与上述论证方式最为相似？

A. 妆未梳成不见客，不到火候不揭锅。所以，如果揭了锅，就应该是到了火候。

B. 兵在精而不在多，将在谋而不在勇。所以，如果想获胜，就应该兵精将勇。

C. 马无夜草不肥，人无横财不富。所以，如果你想富，就应该让马多吃夜草。

D. 金无足赤，人无完人。所以，如果你想做完人，就应该有真金。

E. 有志不在年高，无志空活百岁。所以，如果你不想空活百岁，就应该立志。

35. 某市已开通运营一、二、三、四号地铁线路，各条地铁线每一站运行加停靠所需时间均彼此相同。小张、小王、小李三人是同一单位的职工，单位附近有北口地铁站。某天早晨，3 人同时都在常青站乘一号线上来，但 3 人关于乘车路线的想法不尽相同。已知:

（1）如果一号线拥挤，小张就坐 2 站后转三号线，再坐 3 站到北口站；如果一号线不拥挤，小张就坐 3 站后转二号线，再坐 4 站到北口站;

（2）只有一号线拥挤，小王才坐 2 站后转三号线，再坐 3 站到北口站;

（3）如果一号线不拥挤，小李就坐 4 站后转四号线，坐 3 站之后再转三号线，坐 1 站到达北口站;

（4）该天早晨地铁一号线不拥挤。

假定三人换乘及步行总时间相同，则以下哪项最可能与上述信息不一致？

A．小王和小李同时到达单位。

B．小张和小王同时到达单位。

C．小王比小李先到达单位。

D．小李比小张先到达单位。

E．小张比小王先到达单位。

36. 最近一项研究发现，某国 30 岁至 45 岁人群中，去医院治疗冠心病、骨质疏松等病症的人越来越多，而原来患有这些病症的大多是老年人。调研者由此认为，该国年轻人中“老年病”发病率有不断增加的趋势。

以下哪项如果为真，最能质疑上述调研结论？

A．由于国家医疗保障水平的提高，相比以往，该国民众更有条件关注自己的身体健康。

B．“老年人”的最低年龄比以前提高了，“老年病”的患者范围也有所变化。

C．今年来，由于大量移民涌入，该国 45 岁以下年轻人的数量急剧增加。

D．尽管冠心病、骨质疏松等病症是常见的“老年病”，老年人患的病未必都是“老年病”。

E．近几十年来，该国人口老龄化严重，但健康老龄人口的比重在不断增大。

37. 张教授：利益并非只是物质利益，应该把信用、声誉、情感甚至某种喜好等都归入利益的范畴。根据这种“利益”的广义理解，如果每一个体在不损害他人利益的前提下，尽可能满足其自身的利益需求，那么由这些个体组成的社会就是一个良善的社会。

根据张教授的观点，可以得出以下哪项？

A. 如果一个社会不是良善的，那么其中肯定存在个体损害他人利益或自身利益需求没有尽可能得到满足的情况。

B．尽可能满足每一个体的利益需求，就会损害社会的整体利益。

C．只有尽可能满足每一个体的利益需求，社会才可能是良善的。

D．如果有些个体通过损害他人利益来满足自身的利益需求，那么社会就不是良善的。

E．如果某些个体的利益需求没有尽可能得到满足，那么社会就不是良善的。

38. 某学期学校新开设 4 门课程：“《诗经》鉴赏”“老子研究”“唐诗鉴赏”“宋词选读”，李晓明、陈文静、赵珊珊和庄志达 4 人各选修了其中一门课程。已知：

（1）他们 4 个选修的课程各不相同；

（2）喜爱诗词的赵珊珊选修的诗词类课程；

（3）李晓明选修的不是“《诗经》鉴赏”就是“唐诗鉴赏”。

以下哪项如果为真，就能确定赵珊珊选修的是“宋词选读”？

A．庄志达选修的不是“宋词选读”。

B．庄志达选修的是“老子研究”。

C．庄志达选修的不是“老子研究”。

D．庄志达选修的是“《诗经》鉴赏”。

E．庄志达选修的不是“《诗经》鉴赏”。

39．我国中原地区如果降水量比往年偏低，该地区的河流水位会下降，流速会减缓。这有利于河流中的水草生长，河流中的水草总量通常也会随之而增加。不过，去年该地区在经历了一次极端干旱之后，尽管该地区某河流的流速十分缓慢，但其中的水草总量并未随之而增加，只是处于一个很低的水平。

以下哪项如果为真，最能解释上述看似矛盾的现象？

A．经过极端干旱之后，该河流中以水草为食物的水生动物数量大量减少。

B．河水流速越慢，其水温变化越小，这有利于水草的生长和繁殖。

C．如果河中水草数量达到一定的程度，就会对周边其他物种的生存产生危害。

D．该河流在经历了去年极端干旱之后干涸了一段时间，导致大量水生物死亡。

E．我国中原地区多平原，海拔差异小，其地表水流速比较缓慢。

40～41 题基于以下题干：

某海军部队有甲、乙、丙、丁、戊、己、庚 7 艘舰艇，拟组成两个编队出航，第一编队编列 3 艘舰艇，第二编队编列 4 艘舰艇，编列需满足以下条件：

（1）航母己必须编列在第二编队；

（2）戊和丙至多有一艘编列在第一编队；

（3）甲和丙不在同一编队；

（4）如果乙编列在第一编队，则丁也必须编列在第一编队。

40．如果甲在第二编队，则下列哪项中的舰艇一定也在第二编队？

A．乙。

B．丙。

C．丁。

D．戊。

E．庚。

41．如果丁和庚在同一编队，则可以得出以下哪项？

A．甲在第一编队。

B．乙在第一编队。

C．丙在第一编队。

D．戊在第二编队。

E．庚在第二编队。

42．甲：读书最重要的目的是增长知识、开拓视野。

乙：你只见其一，不见其二。读书最重要的是陶冶性情、提升境界。没有陶冶性情、提升境界，就不能达到读书的真正目的。

以下哪项与上述反驳方式最为相似？

A. 甲：文学创作最重要的是阅读优秀文学作品。

乙：你只见现象，不见本质。文学创作最重要的是观察生活、体验生活。任何优秀的文学作品都来源于火热的社会生活。

B. 甲：做人最重要的是讲信用。

乙：你说的不全面。做人最重要的是要遵纪守法。如果不遵纪守法，就没法讲信用。

C. 甲：作为一部优秀的电视剧，最重要的是能得到广大观众的喜爱。

乙：你只见其表，不见其里。最重要的是具有深刻寓意与艺术魅力。没有深刻寓意与艺术魅力，就不能成为优秀的电视剧。

D. 甲：科学研究最重要的是研究内容的创新。

乙：你只见内容，不见方法。科学研究最重要的是研究方法的创新。只有实现研究方法的创新，才能真正实现研究内容的创新。

E. 甲：一年中最重要的季节是收获的秋天。

乙：你只看结果，不问原因。一年中最重要的季节是播种的春天。没有春天的播种，哪来秋天的收获？

43. 若要人不知，除非己莫为，若要人不闻，除非己莫言，为之而欲人不知，言之而欲人不闻，此犹捕雀而掩目，盗钟而掩耳者。

根据以上陈述，可以得出以下哪项？

A. 若己不为，则人不知。

B. 若己不言，则人不闻。

C. 若己为，则人会知，若己言，则人会闻。

D. 若能做到盗钟而掩耳，则可言之而人不闻。

E. 若能做到捕雀而掩目，则可为之而人不知。

44. 中国是全球最大的卷烟生产国和消费国，但近年来政府通过出台禁烟令，提高卷烟消费税等一系列公共政策努力改变这一现象。一项调查权威数据显示，在2014年同比上升2.4%之后，中国卷烟消费量在2015年同比下降了2.4%，这是1995年来首次下降。尽管如此，2015年中国卷烟消费量仍占全球的45%，但这一下降对全球卷烟销量总消费量产生巨大影响，使其同比下降了2.1%。

根据以上信息，可以得出以下哪项？

A. 2015年中国卷烟消费量恰好等于2013年。

B. 2015年中国卷烟消费量大于2013年。

C. 2015年世界其他国家卷烟消费量同比下降比率高于中国。

D. 2015年世界其他国家卷烟消费量同比下降比率低于中国。

E. 2015年发达国家卷烟消费量同比下降比率高于发展中国家。

45. 某图书馆新购一批文科图书。为方便读者查阅，管理人员对这批图书在文科新书阅览室中的摆放位置做出如下提示：

（1）前 3 排书橱均放有哲学类新书；

（2）法学类新书都放在第 5 排书橱，这排书橱的左侧也放有经济类新书；

（3）管理类新书放在最后一排书橱。

事实上，所有的图书都按照上述提示放置。根据提示，徐莉顺利找到了她想要查阅的新书。根据以上信息，以下哪项是不可能的？

A．徐莉在第 2 排书橱中找到哲学类新书。

B．徐莉在第 3 排书橱中找到经济类新书。

C．徐莉在第 4 排书橱中找到哲学类新书。

D．徐莉在第 6 排书橱中找到法学类新书。

E．徐莉在第 7 排书橱中找到管理类新书。

46．某次学术会议的主办方发出会议通知：只有论文通过审核才能收到会议主办方发出的邀请函，本次会议只欢迎有主办方邀请函的科研院所的学者参加。

根据以上通知，可以得出以下哪项？

A．本次学术会议不欢迎论文没有通过审核的学者参加。

B．论文通过审核的学者都可以参加本次学术会议。

C．论文通过审核并持有主办方邀请函的学者，本次学术会议都欢迎其参加。

D．有些论文通过审核但未持有主办方邀请函的学者，本次学术会议欢迎其参加。

E．论文通过审核的学者有些不能参加本次学术会议。

47～48 题基于以下题干：

一江南园林拟建松、竹、梅、兰、菊 5 个园子，该园林拟设东、南、北 3 个门，分别位于其中的 3 个园子。这 5 个园子的布局满足如下条件：

（1）如果东门位于松园或菊园，那么南门不位于竹园；

（2）如果南门不位于竹园，那么北门不位于兰园；

（3）如果菊园在园林的中心，那么它与兰园不相邻；

（4）兰园与菊园相邻，中间连着一座美丽的廊桥。

47．根据以上信息，可以得出以下哪项？

A．兰园不在园林的中心。

B．菊园不在园林的中心。

C．兰园在园林的中心。

D．菊园在园林的中心。

E．梅园不在园林的中心。

48．如果北门位于兰园，则可以得出以下哪项？

A．南门位于菊园。

B．东门位于竹园。

C. 东门位于梅园。

D. 东门位于松园。

E. 南门位于梅园。

49. 有研究发现，冬季在公路上撒盐除冰，会让本来要成为雌性的青蛙变成雄性，这是因为这些路盐中的钠元素会影响青蛙受体细胞并改变原可能成为雌性青蛙的性别。有专家据此认为，这会导致相关区域青蛙数量的下降。

以下哪项如果为真，最能支持上述专家的观点？

A. 大量的路盐流入池塘可能会给其他水生物造成危害，破坏青蛙的食物链。

B. 如果一个物种以雌性为主，该物种的个体数量就可能受到影响。

C. 在多个盐含量不同的水池中饲养青蛙，随着水池中盐含量的增加，雌性青蛙的数量不断减少。

D. 如果每年冬季在公路上撒很多盐，盐水流入池糖，就会影响青蛙的生长发育过程。

E. 雌雄比例会影响一个动物种群的规模，雌性数量的充足对物种的繁衍生息至关重要。

50. 最终审定的项目或者意义重大或者关注度高，凡意义重大的项目均涉及民生问题。但是有些最终审定的项目并不涉及民生问题。

根据以上陈述，可以得出以下哪项？

A. 意义重大的项目比较容易引起关注。

B. 有些项目意义重大但是关注度不高。

C. 涉及民生问题的项目有些没有引起关注。

D. 有些项目尽管关注度高但并非意义重大。

E. 有些不涉及民生问题的项目意义也非常重大。

51. 甲：知难行易，知然后行。

乙：不对，知易行难，行然后知。

以下哪项与上述对话方式最为相以？

A. 甲：知人者智，自知者明。

乙：不对，知人者易，知己者难

B. 甲：不破不立，先破后立。

乙：不对，不立不破，先立后破

C. 甲：想想容易做起来难，做比想要更重要。

乙：不对，想到就能做到，想比做更重要。

D. 甲：批评他人易，批评自己难；先批评他人后批评自己。

乙：不对，批评自己易，批评他人难；先批评自己后批评他人。

E. 甲：做人难做事易，先做人再做事。

乙：不对，做人易做事难，先做事再做人。

52. 所有值得拥有专利的产品或设计方案都是创新，但并不是每一项创新都值得拥有专利；所有的模仿都不是创新，但并非每一个模仿者都应该受到惩罚。

根据以上陈述，以下哪项是不可能的？

A. 有些值得拥有专利的创新产品并没有申请专利。

B. 有些创新者可能受到惩罚。

C. 有些值得拥有专利的产品是模仿。

D. 没有模仿值得拥有专利。

E. 所有的模仿者都受到了惩罚。

53. 某国拟在甲、乙、丙、丁、戊、己6种农作物里面进口几种，用于该国庞大的动物饲料产业，考虑到一些农作物可能会有违禁成分，以及它们之间存在的互补或可替代因素，该国对进口这些农作物有如下要求：

（1）它们当中不含违禁的都进口；

（2）如果甲或乙有违禁成分，就进口戊和己；

（3）如果丙含有违禁成分，那么丁就不进口了；如果进口戊，就进口乙和丁；

（4）如果不进口丁，就进口丙；如果进口丙，就不进口丁。

根据上述要求，以下哪项所列的农作物是该国可以进口的？

A. 甲、乙、丙。

B. 乙、丙、丁。

C. 甲、戊、己。

D. 甲、丁、己。

E. 丙、戊、己。

54～55题基于以下题干：

某校四位女生陈琳、张芳、王玉、杨虹和四位男生范勇、吕伟、赵虎、李龙进行中国象棋比赛。他们被安排在四张桌上，每桌一男一女对弈，四张桌从左到右分别记为1、2、3、4号，每对选手需要进行四局比赛，比赛规定：选手每胜一局得2分，和一局得1分，负一局得0分。前三局结束时，按分差大小排列，四对选手的总积分分别是6:0，5:1，4:2，3:3。已知：

（1）张芳跟吕伟对弈，杨虹在4号桌比赛，王玉的比赛桌在李龙比赛桌的右边；

（2）1号桌的比赛至少有一桌是和局，4号桌的总积分不是4:2；

（3）赵虎前三局总积分并不领先他的对手，他们也没有下成过和局；

（4）李龙已连输三局，范勇在前三局总积分上领先他的对手。

54. 根据上述信息，前三局比赛结束时谁的总积分高？

A. 杨虹。

B. 陈琳。

C. 范勇。

D. 王玉。

E. 张芳。

55．如果下列有位选手前三局均与对手下成和局，那么他（她）是谁？

A．陈琳。

B．杨虹。

C．张芳。

D．范勇。

E．王玉。

四、写作：第56～57小题，共65分。其中论证有效性分析30分，论说文35分。

56．论证有效性分析：分析下述论证中存在的缺陷和漏洞，选择若干要点，写一篇600字左右的文章，对该论证的有效性进行分析和评论。（论证有效性分析的一般要点是：概念特别是核心概念的界定和使用是否准确并前后一致，有无各种明显的逻辑错误，论证的论据是否成立并支持结论，结论成立的条件是否充分，等等。）

哈佛大学教授本杰明·史华慈（Benjamin I. Schwartz）在20世纪末指出，开始席卷一切的物质主义潮流将极大地冲击人类社会固有的价值观念，造成人类精神世界的空虚，这一论点值得商榷。

首先，按照唯物主义物质决定精神的基本原理，精神是物质在人类头脑中的反映。因此，物质丰富只会充实精神世界，物质主义潮流不可能造成人类精神世界的空虚。

其次，后物质主义理论认为：个人基本的物质生活一旦得到满足，就会把注意点转移到非物质方面，物质生活丰裕的人，往往会更注重精神生活，追求社会公平、个人尊严等等。

还有，最近一项对某高校大学生的抽样调查表明，有69%的人认为物质生活丰富可以丰富人的精神生活，有22%的人认为物质生活和精神生活没有什么关系，只有9%的人认为物质生活丰富反而会降低人的精神追求。

总之，物质决定精神，社会物质生活水平的提高会促进人类精神世界的发展，担心物质生活的丰富会冲击人类的精神世界，只是杞人忧天罢了。

57．论说文：根据下述材料，写一篇700字左右的论说文，题目自拟。

有人说，机器人的使命，应该是帮助人类做那些人类做不了的事，而不是代替人类。技术变革会夺取一些人低端烦琐的工作岗位，最终也会创造更高端更人性化的就业机会。例如，历史上铁路的出现抢去了很多挑夫的工作，但又增加了千百万的铁路工人。人工智能也是一种技术变革，人工智能也将促进未来人类社会的发展。有人则不以为然。

2018年综合真题答案

一、问题求解

1. B	2. A	3. B	4. A	5. E
6. C	7. C	8. B	9. C	10. E
11. D	12. A	13. C	14. D	15. E

二、条件充分性判断

16. A	17. B	18. D	19. A	20. D
21. E	22. C	23. D	24. A	25. D

三、逻辑推理

26. A	27. C	28. D	29. A	30. B
31. D	32. E	33. E	34. C	35. D
36. C	37. A	38. D	39. D	40. D
41. D	42. C	43. C	44. D	45. D
46. A	47. B	48. C	49. E	50. D
51. E	52. C	53. A	54. B	55. C

四、写作

见解析。

详细解析和精讲

扫码查看2018年
综合真题解析

扫码观看综合真题
同步直播课程

绝密★启用前
综合试卷

2017年全国硕士研究生入学统一考试

综合能力

（科目代码：199）

研考 综合 试卷条形码

○考生注意事项○

1. 答题前，考生须在试题册指定位置上填写考生编号和考生姓名；在答题卡指定位置上填写报考单位、考生姓名和考生编号，并涂写考生编号信息点。

2. 考生须把试题册上的“试卷条形码”粘贴条取下，粘贴在答题卡的试卷条形码粘贴位置框中。不按规定粘贴条形码而影响评卷结果的，责任由考生自负。

3. 选择题的答案必须涂写在答题卡相应题号的选项上，非选择题的答案必须书写在答题卡指定位置的边框区域内。超出答题区域书写的答案无效；在草稿纸、试题册上答题无效。

4. 填(书)写部分必须使用黑色签字笔书写，字迹工整、笔迹清楚；涂写部分必须使用2B铅笔填涂。

5. 考试结束，将答题卡按规定交回。

（以下信息考生必须认真填写）

考生编号														
考生姓名														

一、问题求解：第 1～15 小题，每小题 3 分，共 45 分。下列每题给出的 A、B、C、D、E 五个选项中，只有一项是符合试题要求的。

1. 甲从 1, 2, 3 中抽取一数, 记为 a;乙从 1, 2, 3, 4 中抽取一数, 记为 b;规定当 $a>b$ 或者 $a+1<b$ 时甲获胜, 则甲取胜的概率为（　　）.

A. $\frac{1}{6}$　　B. $\frac{1}{4}$　　C. $\frac{1}{3}$　　D. $\frac{5}{12}$　　E. $\frac{1}{2}$

2. 已知 ΔABC 和 $\Delta A'B'C'$ 满足 $AB:A'B'=AC:A'C'=2:3$, $\angle A+\angle A'=\pi$, 则 ΔABC 和 $\Delta A'B'C'$ 的面积比为（　　）.

A. $\sqrt{2}:\sqrt{3}$　　B. $\sqrt{3}:\sqrt{5}$　　C. $2:3$

D. $2:5$　　E. $4:9$

3. 将 6 人分成 3 组, 每组 2 人, 则不同的分组方式共有（　　）.

A. 12 种　　B. 15 种　　C. 30 种

D. 45 种　　E. 90 种

4. 甲、乙、丙三人每轮各投篮 10 次, 投了三轮. 投中数如下表:

	第一轮	第二轮	第三轮
甲	2	5	8
乙	5	2	5
丙	8	4	9

记 $\sigma_1,\sigma_2,\sigma_3$ 分别为甲、乙、丙投中数的方差, 则（　　）.

A. $\sigma_1>\sigma_2>\sigma_3$　　B. $\sigma_1>\sigma_3>\sigma_2$　　C. $\sigma_2>\sigma_1>\sigma_3$

D. $\sigma_2>\sigma_3>\sigma_1$　　E. $\sigma_3>\sigma_2>\sigma_1$

5. 将长、宽、高分别为 12, 9, 6 的长方体切割成正方体, 且切割后无剩余, 则能切割成相同正方体的最少个数为（　　）.

A. 3　　B. 6　　C. 24　　D. 96　　E. 648

6. 某品牌的电冰箱连续两次降价 10%后的售价是降价前的（　　）.

A. 80%　　B. 81%　　C. 82%　　D. 83%　　E. 85%

7. 甲、乙、丙 3 种货车的载重量成等差数列, 2 辆甲种车和 1 辆乙种车的载重量为 95 吨, 1 辆甲种车和 3 辆丙种车载重量为 150 吨, 则用甲、乙、丙分别各 1 辆车 1 次最多运送货物（　）.

A. 125 吨　　B. 120 吨　　C. 115 吨　　D. 110 吨　　E. 105 吨

8. 张老师到一所中学进行招生咨询, 上午接到了 45 名同学的咨询, 其中的 9 位同学下午又咨询了张老师, 占张老师下午咨询学生的 10%. 一天中向张老师咨询的学生人数为（　）.

A. 81　　B. 90　　C. 115　　D. 126　　E. 135

9. 某种机器人可搜索到的区域是半径为 1 米的圆.若该机器人沿直线行走 10 米,则其搜索出的区域的面积（单位：平方米）为（　）.

A. $10+\frac{\pi}{2}$　　B. $10+\pi$　　C. $20+\frac{\pi}{2}$　　D. $20+\pi$　　E. 10π

10. 不等式$|x-1|+x\leqslant 2$的解集为（　）.

A. $(-\infty,1]$　　B. $\left(-\infty,\frac{3}{2}\right]$　　C. $\left[1,\frac{3}{2}\right]$　　D. $[1,+\infty)$　　E. $\left[\frac{3}{2},+\infty\right)$

11. 在 1 与 100 之间, 能被 9 整除的整数的平均值是（　）.

A. 27　　B. 36　　C. 45　　D. 54　　E. 63

12. 某试卷由 15 道选择题组成, 每道题有 4 个选项, 只有 1 项是符合试题要求的. 甲有 6 道题是能确定正确选项, 有 5 道能排除 2 个错误选项, 有 4 道能排除 1 个错误选项. 若从每题排除后剩余的选项中选 1 个作为答案, 则甲得满分的概率为（　）.

A. $\frac{1}{2^4}\cdot\frac{1}{3^5}$　　B. $\frac{1}{2^5}\cdot\frac{1}{3^4}$　　C. $\frac{1}{2^5}+\frac{1}{3^4}$　　D. $\frac{1}{2^4}\left(\frac{3}{4}\right)^5$　　E. $\frac{1}{2^4}+\left(\frac{3}{4}\right)^5$

13. 某公司用 1 万元购买了价格分别为 1 750 元和 950 元的甲、乙两种办公设备, 则购买的甲、乙办公设备的件数分别为（　）.

A. 3, 5　　B. 5, 3　　C. 4, 4　　D. 2, 6　　E. 6, 2

14. 如图, 在扇形 AOB 中, $\angle AOB=\dfrac{\pi}{4}$, $OA=1$, $AC\perp OB$, 则阴影部分的面积为（　　）.

A. 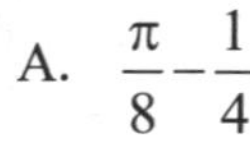 $\dfrac{\pi}{8}-\dfrac{1}{4}$　　B. 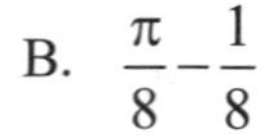 $\dfrac{\pi}{8}-\dfrac{1}{8}$

C. $\dfrac{\pi}{4}-\dfrac{1}{2}$　　D. 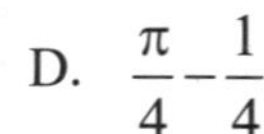 $\dfrac{\pi}{4}-\dfrac{1}{4}$

E. $\dfrac{\pi}{4}-\dfrac{1}{8}$

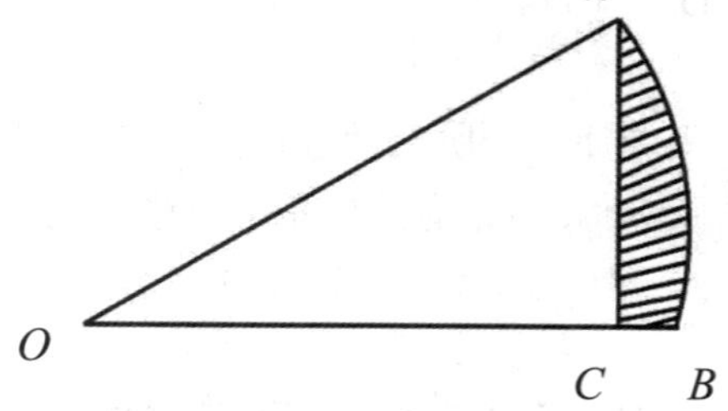

15. 老师问班上 50 名同学周末复习情况, 结果有 20 人复习过数学、30 人复习过语文、6 人复习过英语, 且同时复习了数学和语文的有 10 人、语文和英语的有 2 人、英语和数学的有 3 人. 若同时复习过这三门课的人为 0, 则没复习过这三门课程的学生人数为（　　）.

A. 7　　B. 8　　C. 9　　D. 10　　E. 11

二、条件充分性判断：第 16～25 小题，每小题 3 分，共 30 分。要求判断每题给出的条件（1）和条件（2）能否充分支持题干所陈述的结论。A、B、C、D、E 五个选项为判断结果，请选择一项符合试题要求的判断。

（A）条件（1）充分, 但条件（2）不充分.
（B）条件（2）充分, 但条件（1）不充分.
（C）条件（1）和条件（2）单独都不充分, 但条件（1）和条件（2）联合起来充分.
（D）条件（1）充分, 条件（2）也充分.
（E）条件（1）和条件（2）单独都不充分, 条件（1）和条件（2）联合起来也不充分.

16. 某人需要处理若干份文件, 第 1 小时处理了全部文件的 $\dfrac{1}{5}$, 第二小时处理了剩余文件的 $\dfrac{1}{4}$. 则此人需要处理的文件共 25 份.

（1）前两个小时处理了 10 份文件.
（2）第二小时处理了 5 份文件.

17. 能确定某企业产值的月平均增长率.

（1）已知一月份的产值.
（2）已知全年的总产量.

18. $x^2+y^2-ax-by+c=0$ 与 x 轴相切. 则能确定 c 的值.

（1）已知 a 的值.
（2）已知 b 的值.

19. 某人从 A 地出发，先乘时速为220千米的动车，后转乘时速为100千米的汽车到达 B 地. 则 A，B 两地的距离为960千米.

（1）乘动车的时间与乘汽车的时间相等.

（2）乘动车的时间与乘汽车的时间之和为6小时.

20. 直线 $y=ax+b$ 与抛物线 $y=x^2$ 有两个交点.

（1）$a^2>4b$.

（2）$b>0$.

21. 如图，一个铁球沉入水池中. 则能确定铁球的体积.

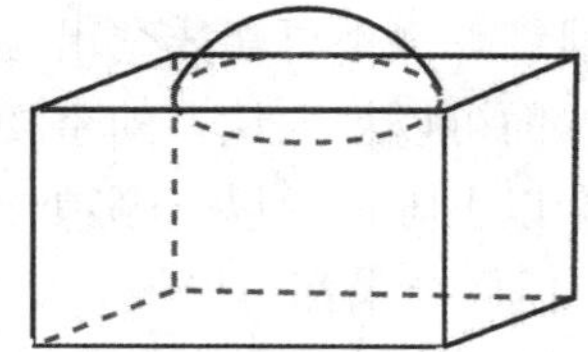

（1）已知铁球露出水面的高度.

（2）已知水深及铁球与水面交线的周长.

22. 已知 a，b，c 为三个实数，则 $\min\{|a-b|,|b-c|,|a-c|\}\leqslant 5$.

（1）$|a|\leqslant 5$，$|b|\leqslant 5$，$|c|\leqslant 5$.

（2）$a+b+c=15$.

23. 某机构向12位教师征题，共征集到5种题型的试题52道. 则能确定供题教师的人数.

（1）每位供题教师提供的试题数相同.

（2）每位供题教师提供的题型不超过2种.

24. 某人参加资格考试，有 A 类和 B 类选择，A 类的合格标准是抽3道题至少会做2道，B 类的合格标准是抽2道题需都会做，则此人参加 A 类合格的机会大.

（1）此人 A 类题中有60%会做.

（2）此人 B 类题中有80%会做.

25. 设 a，b 是两个不相等的实数. 则函数 $f(x)=x^2+2ax+b$ 的最小值小于零.

（1）1，a，b 成等差数列.

（2）1，a，b 成等比数列.

三、逻辑推理：第26～55小题，每小题2分，共60分。下列每题给出的A、B、C、D、E五个选项中，只有一项是符合试题要求的。

26. 倪教授认为，我国工程技术领域可以考虑与国外先进技术合作，但任何涉及核心技术的项目决不受制于人；我国许多网络安全建设项目涉及信息核心技术，如果全盘引进国外先进技术而不努力自主创新，我国的网络安全将会受到严重威胁。

根据倪教授的描述，可以得出以下哪项？

A. 我国有些网络安全建设项目不能受制于人。

B. 我国工程技术领域的所有项目都不能受制于人。

C. 如果能做到自主创新，我国的网络安全就不会受到严重威胁。

D. 我国许多网络安全建设项目不能与国外先进技术合作。

E. 只要不是全盘引进国外先进技术，我国的网络安全就不会受到严重威胁。

27. 任何结果都不可能凭空出现，它们的背后都是有原因的；任何背后有原因的事物均可以被人认识，而可以被人认识的事物都必然不是毫无规律的。

根据以上陈述，以下哪项一定为假？

A. 任何结果都可以被人认识。

B. 任何结果出现的背后都是有原因的。

C. 有些结果的出现可能毫无规律。

D. 那些可以被人认识的事物必然有规律。

E. 人有可能认识所有事物。

28. 近年来，我国海外代购业务量快速增长，代购者们通常从海外买产品，通过各种渠道避开关税，再卖给内地顾客从中牟利，却让政府损失了税收收入。某专家由此指出，政府应该严厉打击海外代购的行为。

以下哪项如果为真，最能支持上述观点？

A. 近期，有位空乘服务员因在网上开设海外代购店而被我国地方法院判定有走私罪。

B. 国内一些企业生产的同类产品与海外代购产品相比，无论质量还是价格都缺乏竞争优势。

C. 海外代购提升了人民的生活水准，满足了国内部分民众对于品质生活的向往。

D. 去年，我国奢侈品海外代购规模几乎是全球奢侈品国内门店销售额的一半，这些交易大多避开了关税。

E. 国内民众的消费需求提高是伴随着我国经济发展而产生的正常现象，应以此为契机促进国内同类消费品产业的升级。

29. 某剧组招募群众演员。为配合剧情，需要招 4 类角色：外国游客 1~2 名，购物者 2~3 名，商贩 2 名，路人若干。仅有甲、乙、丙、丁、戊、己 6 人可供选择，且每个人在同一个场景中只能出演一个角色。已知：

（1）只有甲、乙才能出演外国游客；

（2）上述 4 类角色在每个场景中至少有 3 类同时出现；

（3）每一场景中，若乙或丁出演商贩，则甲和丙出演购物者；

（4）购物者和路人的数量之和在每个场景中不超过 2。

根据上述信息，可以得出以下哪项？

A. 在同一场景中，若戊和己出演路人，则甲只可能出演外国游客。

B. 在同一场景中，如果乙出演外国游客，则甲只可能出演商贩。

C. 至少有 2 人需要在不同场景中出演不同的角色。

D. 甲、乙、丙、丁不会在同一场景中同时出现。

E. 在同一场景中，若丁和戊出演购物者，则乙只可能出演外国游客。

30. 离家 300 米的学校不能上，却被安排到 2 公里外的学校就读，某市一位适龄儿童在上小学时就遭遇了所在区教育局这样的安排，而这一安排是区教育局根据儿童户籍所在施教区做出的。根据该市教育局规定的“就近入学”原则，儿童家长将区教育局告上法院，要求撤销原来安排，让其孩子就近入学。法院对此做出一审判决，驳回原告请求。

下列哪项最可能是法院判决的合理依据？

A.“就近入学”不是“最近入学”，不能将入学儿童户籍地和学校的直线距离作为划分施教区的唯一根据。

B. 按照特定的地理要素划分，施教区中的每所小学不一定出于该施教区的中心位置。

C. 儿童入学究竟应上哪一所学校，不是让适龄儿童或其家长自主选择，而是要听从政府主管部门的行政安排。

D.“就近入学”仅仅是一个需要遵循的总体原则，儿童具体入学安排还要根据特定的情况加以变通。

E. 该区教育局划分施教区的行政行为符合法律规定，而原告孩子按户籍所在施教区的确需要去离家 2 公里外的学校就读。

31. 张立是一位单身白领，工作 5 年积累了一笔存款。由于该笔存款金额尚不足以购房，他考虑将其暂时分散投资到股票、黄金、基金、国债和外汇 5 个方面。该笔存款的投资需要满足如下条件：

（1）如果黄金投资比例高于 1/2，则剩余部分投入国债和股票；

（2）如果股票投资比例低于 1/3，则剩余部分不能投入外汇或国债；

（3）如果外汇投资比例低于 1/4，则剩余部分投入基金或黄金；

（4）国债投资比例不能低于 1/6。

根据上述信息，可以得出以下哪项？

A. 国债投资比例高于 1/2。

B. 外汇投资比例不低于 1/3。

C. 股票投资比例不低于 1/4。

D. 黄金投资比例不低于 1/5。

E. 基金投资比例低于 1/6。

32. 通识教育重在帮助学生掌握尽可能全面的基础知识，即帮助学生了解各个学科领域的基本常识；而人文教育则重在培育学生了解生活世界的意义，并对自己及他人行为的价值和意义做出合理的判断，形成“智识”。因此有专家指出，相比较而言，人文教育对个人未来生活的影响会更大一些。

以下哪项如果为真，最能支持上述专家的断言？

A. 当今我国有些大学开设的通识教育课程要远远多于人文教育课程。

B.“知识”是事实判断，“智识”是价值判断，两者不能相互替代。

C. 没有知识就会失去应对未来生活挑战的勇气，而错误的价值观可能会误导人的生活。

D. 关于价值和意义的判断事关个人的幸福和尊严，值得探究和思考。

E. 没有知识，人依然可以活下去；但如果没有价值和意义的追求，人只能成为没有灵魂的躯壳。

33～34 基于以下题干：

丰收公司邢经理需要在下个月赴湖北、湖南、安徽、江西、浙江、福建、江苏 7 省进行市场需求调研，各省均调研一次。他的行程需满足如下条件：

（1）第一个或最后一个调研江西省；

（2）调研安徽省的时间早于浙江省，在这两省的调研之间调研除了福建省的另外两省；

（3）调研福建省的时间安排在调研浙江省之前或刚好调研完浙江省之后；

（4）第三个调研江苏省。

33. 如果邢经理首先赴安徽省调研，则关于他的行程，可以确定以下哪项？

A. 第二个调研湖北省。　B. 第二个调研湖南省。　C. 第五个调研福建省。

D. 第五个调研湖北省。　E. 第五个调研浙江省。

34. 如果安徽省是邢经理第二个调研的省份，则关于他的行程，可以确定以下哪项？

A. 第一个调研江西省。　B. 第四个调研湖北省。　C. 第五个调研浙江省。

D. 第五个调研湖南省。　E. 第六个调研福建省。

35. 王研究员：我国政府提出的“大众创业、万众创新”激励着每一个创业者。对于创业者来说，最重要的是需要一种坚持精神。不管在创业中遇到什么困难，都要坚持下去。

李教授：对于创业者来说，最重要的是要敢于尝试新技术。因为有些新技术一些大公司不敢轻易尝试，这就为创业者带来了成功的契机。

根据以上信息，以下哪项最准确地指出了王研究员与李教授观点的分歧所在？

A. 最重要的是敢于迎接各种创业难题的挑战，还是敢于尝试那些大公司不敢轻易尝试的新技术。

B. 最重要的是坚持创业，有毅力有恒心把事业一直做下去，还是坚持创新，做出更多的科学发现和技术发明。

C. 最重要的是坚持把创业这件事做好，成为创业大众的一员，还是努力发明新技术，成为创新万众的一员。

D. 最重要的是需要一种坚持精神，不畏艰难，还是要敢于尝试新技术，把握事业成功的契机。

E. 最重要的是坚持创业，敢于成立小公司，还是尝试新技术，敢于挑战大公司。

36. 进入冬季以来，内含大量有毒颗粒物的雾霾频繁袭击我国部分地区。有关调查显示，持续接触高浓度污染物会直接导致 10%至 15%的人患有眼睛慢性炎症或干眼症。有专家由此认为，如果不采取紧急措施改善空气质量，这些疾病的发病率和相关的并发症将会增加。

以下哪项如果为真，最能支持上述专家的观点？

A. 有毒颗粒物会刺激并损害人的眼睛，长期接触会影响泪腺细胞。

B. 空气质量的改善不是短时间内能做到的，许多人不得不在污染环境中工作。

C. 眼睛慢性炎症或眼干症等病例通常集中出现于花粉季。

D. 上述被调查的眼疾患者中有 65%是年龄在 20~40 岁之间的男性。

E. 在重污染环境中采取戴护目镜、定期洗眼等措施有助于预防干眼症等眼疾。

37. 很多成年人对于儿时熟悉的《唐诗三百首》中的许多名诗，常常仅记得几句名句，而不知诗作者或诗名。甲校中文系硕士生只有三个年级，每个年级人数相等。统计发现，一年级学生都能把该书中的名句与诗名及其作者对应起来；二年级 2/3 的学生能把该书中的名句与作者对应起来；三年级 1/3 的学生不能把该书中的名句与诗名对应起来。

根据上述信息，关于该校中文系硕士生，可以得出以下哪项？

A. 1/3 以上的一、二年级学生不能把该书中的名句与作者对应起来。

B. 1/3 以上的硕士生不能将该书中的名句与诗名或作者对应起来。

C. 大部分硕士生能将该书中的名句与诗名及其作者对应起来。

D. 2/3 以上的一、三年级学生能把该书中的名句与诗名对应起来。

E. 2/3 以上的一、二年级学生不能把该书中的名句与诗名对应起来。

38. 婴儿通过触碰物体、四处玩耍和观察成人的行为等方式来学习，但机器人通常只能按照编定的程序进行学习。于是，有些科学家试图研制学习方式更接近于婴儿的机器人。他们认为，既然婴儿是地球上最有效率的学习者，为什么不设计出能像婴儿那样不费力气就能学习的机器人呢？

以下哪项最可能是上述科学家观点的假设？

A. 婴儿的学习能力是天生的，他们的大脑与其他动物幼崽不同。

B. 通过碰触、玩耍和观察等方式来学习是地球上最有效率的学习方式。

C. 即使是最好的机器人，它们的学习能力也无法超过最差的婴儿学习者。

D. 如果机器人能像婴儿那样学习，他们的智能就有可能超过人类。

E. 成年人和现有的机器人都不能像婴儿那样毫不费力地学习。

39. 针对癌症患者，医生常采用化疗手段将药物直接注入人体杀伤癌细胞，但这也可能将正常细胞和免疫细胞一同杀灭，产生较强的副作用。近来，有科学家发现，黄金纳米粒子很容易被人体癌细胞吸收，如果将其包上一层化疗药物，就可作为“运输工具”，将化疗药物准确地投放到癌细胞中。他们由此断言，微小的黄金纳米粒子能提升癌症化疗的效果，并能降低化疗的副作用。

以下哪项如果为真，最能支持上述科学家所做出的论断？

A．黄金纳米粒子用于癌症化疗的疗效有待大量临床检验。
B．在体外用红外线加热已进入癌细胞的黄金纳米粒子，可从内部杀灭癌细胞。
C．因为黄金所具有的特殊化学物质，黄金纳米粒子不会与人体细胞发生反应。
D．现代医学手段已经能实现黄金纳米粒子的精准投送，让其所携带的化疗药物只作用于癌细胞，并不伤及其他细胞。
E．利用常规计算机断层扫描，医生容易判定黄金纳米粒子是否已投放到癌细胞中。

40．甲：己所不欲，勿施于人。
乙：我反对。己所欲，则施于人。
以下哪项与上述对话方式最为相似？
A．甲：人非草木，孰能无情？
乙：我反对。草木无情，但人有情。
B．甲：人无远虑，必有近忧。
乙：我反对。人有远虑，亦有近忧。
C．甲：不入虎穴，焉得虎子？
乙：我反对。如得虎子，必入虎穴。
D．甲：人不犯我，我不犯人。
乙：我反对。人若犯我，我就犯人。
E．甲：不在其位，不谋其政。
乙：我反对。在其位，则行其政。

41．颜子、曾寅、孟申、荀辰申请一个中国传统文化建设项目。根据规定，该项目的主持人只能有一名，且在上述4位申请者中产生；包括主持人在内，项目组成员不能超过两位。另外，各位申请者在申请答辩时做出如下陈述：
（1）颜子：如果我成为主持人，将邀请曾寅或荀辰作为项目组成员；
（2）曾寅：如果我成为主持人，将邀请颜子或孟申作为项目组成员；
（3）荀辰：只有颜子成为项目组成员，我才能成为主持人；
（4）孟申：只有荀辰或颜子成为项目组成员，我才能成为主持人。
假定4人陈述都为真，关于项目组成员的组合，以下哪项是不可能的？
A．孟申、曾寅。 B．荀辰、孟申。 C．曾寅、荀辰。
D．颜子、孟申。 E．颜子、荀辰。

42．研究者调查了一组大学毕业即从事有规律的工作正好满8年的白领，发现他们的体重比刚毕业时平均增加了8公斤。研究者由此得出结论，有规律的工作会增加人们的体重。
关于上述结论的正确性，需要询问的关键问题是以下哪项？
A．和该组调查对象其他情况相仿且经常进行体育锻炼的人，在同样的8年中体重有怎样的变化？
B．该组调查对象的体重在8年后是否会继续增加？

C．为什么调查关注的时间段是对象在毕业工作后 8 年，而不是 7 年或者 9 年？

D．该组调查对象中男性和女性的体重增加是否有较大差异？

E．和该组调查对象其他情况相仿但没有从事有规律工作的人，在同样的 8 年中体重有怎样变化？

43．赵默是一位优秀的企业家。因为如果一个人既拥有国内外知名学府和研究机构工作的经历，又有担任项目负责人的管理经验，那么他就能成为一位优秀的企业家。

以下哪项与上述论证最为相似？

A．李然是信息技术领域的杰出人才。因为如果一个人不具有前瞻性目光、国际化视野和创新思维，就不能成为信息技术领域的杰出人才。

B．袁清是一位好作家。因为好作家都具有较强的观察能力、想象能力及表达能力。

C．青年是企业发展的未来。因此，企业只有激发青年的青春力量，才能促其早日成才。

D．人力资源是企业的核心资源。因为如果不开展各类文化活动，就不能提升员工岗位技能，也不能增强团队的凝聚力和战斗力。

E．风云企业具有凝聚力。因为如果一个企业能引导和帮助员工树立目标、提升能力，就能使企业具有凝聚力。

44．爱书成痴注定会藏书。大多数藏书家也会读一些自己收藏的书；但有些藏书家却因喜爱书的价值和精致装帧而购书收藏，至于阅读则放到了自己以后闲暇的时间，而一旦他们这样想，这些新购的书就很可能不被阅读了。但是，这些受到“冷遇”的书只要被友人借去一本，藏书家就会失魂落魄，整日心神不安。

根据上述信息，可以得出以下哪项？

A．有些藏书家将自己的藏书当作友人。

B．有些藏书家喜欢闲暇时读自己的藏书。

C．有些藏书家会读遍自己收藏的书。

D．有些藏书家不会立即读自己新购的书。

E．有些藏书家从不读自己收藏的书。

45．人们通常认为，幸福能够增进健康、有利于长寿，而不幸福则是健康状况不佳的直接原因，但最近有研究人员对 3000 多人的生活状况调查后发现，幸福或不幸福并不意味着死亡的风险会相应地变得更低或更高。他们由此指出，疾病可能会导致不幸福，但不幸福本身并不会对健康状况造成损害。

以下哪项如果为真，最能质疑上述研究人员的论证？

A．幸福是个体的一种心理体验，要求被调查对象准确断定其幸福程度有一定的难度。

B．有些高寿老人的人生经历较为坎坷，他们有时过得并不幸福。

C．有些患有重大疾病的人乐观向上，积极与疾病抗争，他们幸福感比较高。

D．人的死亡风险低并不意味着健康状况好，死亡风险高也不意味着健康状况差。

E．少数个体死亡风险的高低难以进行准确评估。

46．甲：只有加强知识产权保护，才能推动科技创新。

乙：我不同意。过分强化知识产权保护，肯定不能推动科技创新。

以下哪项与上述反驳方式最为类似？

A．妻子：孩子只有刻苦学习，才能取得好成绩。

丈夫：也不尽然。学习光知道刻苦而不能思考，也不一定会取得好成绩。

B．母亲：只有从小事做起，将来才有可能做成大事。

孩子：老妈你错了。如果我们每天只是做小事，将来肯定做不成大事。

C．老板：只有给公司带来回报，公司才能给他带来回报。

员工：不对呀。我上月帮公司谈成一笔大业务，可是只得到1%的奖励。

D．老师：只有读书，才能改变命运。

学生：我觉得不是这样。不读书，命运会有更大的改变。

E．顾客：这件商品只有价格再便宜一些，才会有人来买。

商人：不可能。这件商品如果价格再便宜一些，我就要去喝西北风了。

47．某著名风景区有“妙笔生花”“猴子观海”“仙人晒靴”“美人梳妆”“阳关三叠”“禅心向天”6个景点。为方便游人，景区提示如下：

（1）只有先游“猴子观海”，才能游“妙笔生花”；

（2）只有先游“阳关三叠”，才能游“仙人晒靴”；

（3）如果游“美人梳妆”，就要先游“妙笔生花”；

（4）“禅心向天”应第4个游览，之后才可游览“仙人晒靴”。

张先生按照上述提示，顺利游览了上述6个景点。

根据上述信息，关于张先生的游览顺序，以下哪项不可能为真？

A．第一个游览“猴子观海”。

B．第二个游览“阳关三叠”。

C．第三个游览“美人梳妆”。

D．第五个游览“妙笔生花”。

E．第六个游览“仙人晒靴”。

48．“自我陶醉人格”，是以过分重视自己为主要特点的人格障碍。它有多种具体特征：过高估计自己的重要性，夸大自己的成就；对批评反应强烈，希望他人注意自己和羡慕自己；经常沉湎于幻想中，把自己看成是特殊的人；人际关系不稳定，嫉妒他人，损人利己。

以下各项自我陈述中，除了哪项均能体现上述“自我陶醉人格”的特征？

A．我是这个团队的灵魂，一旦我离开了这个团队，他们将一事无成。

B．他有什么资格批评我？大家看看，他的能力连我的一半都不到。

C．我的家庭条件不好，但不愿意被别人看不起，所以我借钱买了一部智能手机。

D．这么重要的活动竟然没有邀请我参加，组织者的人品肯定有问题，不值得跟这样的人交往。

E．我刚接手别人很多年没有做成的事情，我跟他们完全不在一个层次，相信很快就会将事情搞定。

49．通常情况下，长期在寒冷环境中生活的居民可以有更强的抗寒能力。相比于我国的南方地区，我国北方地区冬天的平均气温要低很多。然而有趣的是，现在许多北方地区的居民并不具有我们所以为的抗寒能力，相当多的北方人到南方来过冬，竟然难以忍受南方的寒冷天气，怕冷程度甚至远超过当地人。

以下哪项如果为真，最能解释上述现象？

A．一些北方人认为南方温暖，他们去南方过冬时往往对保暖工作做得不够充分。

B．南方地区冬天虽然平均气温比北方高，但也存在极端低温的天气。

C．北方地区在冬天通常启用供暖设备，其室内温度往往比南方高出很多。

D．有些北方人是从南方迁过去的，他们还没有完全适应北方的气候。

E．南方地区湿度较大，冬天感受到的寒冷程度超出气象意义上的温度指标。

50．译制片配音，作为一种特有的艺术形式，曾在我国广受欢迎。然而时过境迁，现在许多人已不喜欢看配过音的外国影视剧。他们觉得还是听原汁原味的声音才感觉到位。有专家由此断言，配音已失去观众，必将退出历史舞台。

以下各项如果为真，则除哪项外都能支持上述专家的观点？

A．很多上了年纪的国人仍习惯看配过音的外国影视剧，而在国内放映的外国大片有的仍然是配过音的。

B．配音是一种艺术再创作，倾注了配音艺术家的心血，但有的人对此并不领情，反而觉得配音妨碍了他们对原创的欣赏。

C．许多中国人通晓外文，观赏外国原版影视剧并不存在语言困难；即使不懂外文，边看中文字幕边听原声也不影响理解剧情。

D．随着对外交流的加强，现在外国影视剧大量涌入国内，有的国人已经等不及慢条斯理、精工细作的配音了。

E．现在有的外国影视剧配音难以模仿剧中演员的出色嗓音，有时也与剧情不符，对此观众并不接受。

51～52 题基于以下题干：

六一节快到了。幼儿园老师为班上的小明、小雷、小刚、小芳、小花 5 位小朋友准备了红、橙、黄、绿、青、蓝、紫 7 份礼物。已知所有礼物都送了出去，每份礼物只能由一人获得，每人最多获得两份礼物。另外，礼物派送还需要满足如下要求：

（1）如果小明收到橙色礼物，则小芳会收到蓝色礼物；

（2）如果小雷没有收到红色礼物，则小芳不会收到蓝色礼物；

（3）如果小刚没有收到黄色礼物，则小花不会收到紫色礼物；

（4）没有人既能收到黄色礼物，又能收到绿色礼物；

（5）小明只收到橙色礼物，而小花只收到紫色礼物。

51．根据上述信息，以下哪项为真？

A．小明和小芳都收到两份礼物。

B．小雷和小刚都收到两份礼物。

C. 小刚和小花都收到两份礼物。

D. 小芳和小花都收到两份礼物。

E. 小明和小雷都收到两份礼物。

52. 根据上述信息，如果小刚收到两份礼物，则可以得出以下哪项？

A. 小雷收到红色和绿色两份礼物。

B. 小刚收到黄色和蓝色两份礼物。

C. 小芳收到绿色和蓝色两份礼物。

D. 小刚收到黄色和青色两份礼物。

E. 小芳收到青色和蓝色两份礼物。

53. 某民乐小组拟购买几种乐器，购买要求如下：

（1）二胡、箫至多购买一种；

（2）笛子、二胡和古筝至少购买一种；

（3）箫、古筝、唢呐至少购买两种；

（4）如果购买箫，则不购买笛子。

根据以上要求，可以得出以下哪项？

A. 至多购买了 3 种乐器。

B. 箫、笛子至少购买一种。

C. 至少要购买 3 种乐器。

D. 古筝、二胡至少购买一种。

E. 一定要购买唢呐。

54～55 题基于以下题干：

某影城将在“十一”黄金周 7 天（周一至周日）放映 14 部电影，其中有 5 部科幻片、3 部警匪片、3 部武侠片、2 部战争片及 1 部爱情片。限于条件，影城每天放映两部电影。已知：

（1）除 2 部科幻片安排在周四外，其余 6 天每天放映的两部电影属于不同类别；

（2）爱情片安排在周日；

（3）科幻片和武侠片没有安排在同一天；

（4）警匪片和战争片没有安排在同一天。

54. 根据以上信息，以下哪项中的两部电影不可能安排在同一天放映？

A. 爱情片和警匪片。

B. 科幻片和警匪片。

C. 武侠片和战争片。

D. 武侠片和警匪片。

E. 科幻片和战争片。

55. 根据以上信息，如果同类型影片放映日期连续，则周六可以放映的电影是以下哪项？

A．科幻片和警匪片。
B．武侠片和警匪片。
C．科幻片和战争片。
D．科幻片和武侠片。
E．警匪片和战争片。

四、写作：第56～57小题，共65分。其中论证有效性分析30分，论说文35分。

56．论证有效性分析：分析下述论证中存在的缺陷和漏洞，选择若干要点，写一篇600字左右的文章，对该论证的有效性进行分析和评论。（论证有效性分析的一般要点是：概念特别是核心概念的界定和使用是否准确并前后一致，有无各种明显的逻辑错误，论证的论据是否成立并支持结论，结论成立的条件是否充分，等等。）

如果我们把古代荀子、商鞅、韩非等人的一些主张归纳起来，可以得出如下一套理论：

人的本性是“好荣恶辱，好利恶害”的。所以人们都会追求奖赏，逃避刑罚。因此，拥有足够权力的国君只要利用赏罚就可以把臣民治理好了。

既然人的本性是好利恶害的，那么在选拔官员时，既没有可能也没有必要去寻求那些不求私利的廉洁之士，因为世界上根本不存在这样的人。廉政建设的关键，其实只在于任用官员之后有效地防止他们以权谋私。

怎样防止官员以权谋私呢？国君通常依靠设置监察官的方法，这种方法其实是不合理的。因为监察官也是人，也是好利恶害的。所以依靠监察官去制止其他官吏以权谋私，就是让一部分以权谋私者去制止另一部分人以权谋私，结果只能使他们共谋私利。

既然依靠设置监察官的方法不合理，那么依靠什么呢？可以利用赏罚的方法来促使臣民去监督。谁揭发官员的以权谋私就奖赏谁，谁不揭发官员的以权谋私就惩罚谁，臣民出于好利恶害的本性就会揭发官员的以权谋私。这样，以权谋私的罪恶行为就无法藏身，就是最贪婪的人也不敢以权谋私了。

57．论说文：根据下述材料，写一篇700字左右的论说文，题目自拟。

一家企业遇到了这样的一个问题：究竟是把有限的资金用于扩大生产呢，还是用于研发新产品？有人主张投资扩大生产，因为根据市场预测，原产品还可以畅销三到五年，由此可以获得可靠而丰厚的利润。有人主张投资研发新产品，因为这样做虽然有很大的风险，但风险背后可能有数倍于甚至数十倍于前者的利润。

2017 年综合真题答案

一、问题求解

1. E	2. E	3. B	4. B	5. C
6. B	7. E	8. D	9. D	10. B
11. D	12. B	13. A	14. A	15. C

二、条件充分性判断

16. D	17. C	18. A	19. C	20. B
21. B	22. A	23. C	24. C	25. A

三、逻辑推理

26. A	27. C	28. D	29. E	30. E
31. C	32. E	33. C	34. C	35. D
36. A	37. D	38. B	39. D	40. D
41. C	42. E	43. E	44. D	45. D
46. B	47. D	48. C	49. E	50. A
51. B	52. D	53. D	54. A	55. C

四、写作

见解析。

详细解析和精讲

扫码查看 2017 年
综合真题解析

扫码观看综合真题
同步直播课程

绝密★启用前
综合试卷

2016年全国硕士研究生入学统一考试

综合能力

（科目代码：199）

研考 综合 试卷条形码

○考生注意事项○

1. 答题前，考生须在试题册指定位置上填写考生编号和考生姓名；在答题卡指定位置上填写报考单位、考生姓名和考生编号，并涂写考生编号信息点。

2. 考生须把试题册上的“试卷条形码”粘贴条取下，粘贴在答题卡的试卷条形码粘贴位置框中。不按规定粘贴条形码而影响评卷结果的，责任由考生自负。

3. 选择题的答案必须涂写在答题卡相应题号的选项上，非选择题的答案必须书写在答题卡指定位置的边框区域内。超出答题区域书写的答案无效；在草稿纸、试题册上答题无效。

4. 填（书）写部分必须使用黑色签字笔书写，字迹工整、笔迹清楚；涂写部分必须使用2B铅笔填涂。

5. 考试结束，将答题卡按规定交回。

（以下信息考生必须认真填写）

考生编号														
考生姓名														

一、问题求解：第 1～15 小题，每小题 3 分，共 45 分。下列每题给出的 A、B、C、D、E 五个选项中，只有一项是符合试题要求的。

1. 某家庭在一年的总支出中，子女教育支出与生活资料支出的比为3:8，文化娱乐支出与子女教育支出的比为 1:2，已知文化娱乐支出占家庭总支出的 10.5%，则生活资料支出占家庭总支出的（　）.

   A. 40%　　B. 42%　　C. 48%　　D. 56%　　E. 64%

2. 有一批同规格的正方形瓷砖，用它们铺满某个正方形区域时剩余180块，将此正方形区域的边长增加一块瓷砖的长度时，还需增加 21 块瓷砖才能铺满，该批瓷砖共有（　）.

   A. 9 981 块　　B. 10 000 块　　C. 10 180 块
   D. 10 201 块　　E. 10 222 块

3. 在分别标记了数字 1, 2, 3, 4, 5, 6 的 6 张卡片中随机抽取 3 张，其上数字之和等于 10 的概率是（　）.

   A. 0.05　　B. 0.1　　C. 0.15　　D. 0.2　　E. 0.25

4. 上午9时一辆货车从甲地出发前往乙地，同时一辆客车从乙地出发前往甲地，中午12时两车相遇，已知货车和客车的时速分别是90千米和100千米，则当客车到达甲地时，货车距乙地的距离为（　）.

   A. 30 千米　　B. 43 千米　　C. 45 千米
   D. 50 千米　　E. 57 千米

5. 某委员会由三个不同专业的人员构成，三个专业的人数分别为2, 3, 4. 从中选派2位不同专业的委员外出调研，则不同的选派方式有（　）.

   A. 36 种　　B. 26 种　　C. 12 种　　D. 8 种　　E. 6 种

6. 某商场将每台进价为2 000元的冰箱以2 400元销售时，每天销售8台. 调研表明，这种冰箱的售价每降低50元，每天就能多售出 4 台. 若要每天的销售利润最大，则该冰箱的定价应为(　).

   A. 2 200 元　　B. 2 250 元　　C. 2 300元
   D. 2 350 元　　E. 2 400 元

7. 从 1 到 100 的整数中任取一个数，则该数能被 5 或 7 整除的概率为（　）.

   A. 0.02　　B. 0.14　　C. 0.2　　D. 0.32　　E. 0.34

8. 如图，在四边形 $ABCD$ 中，$AB /\!/ CD$，AB 与 CD 的边长分别为4和8. 若 ΔABE 的面积为4，则四边形 $ABCD$ 的面积为（　）.

A. 24
B. 30
C. 32
D. 36
E. 40

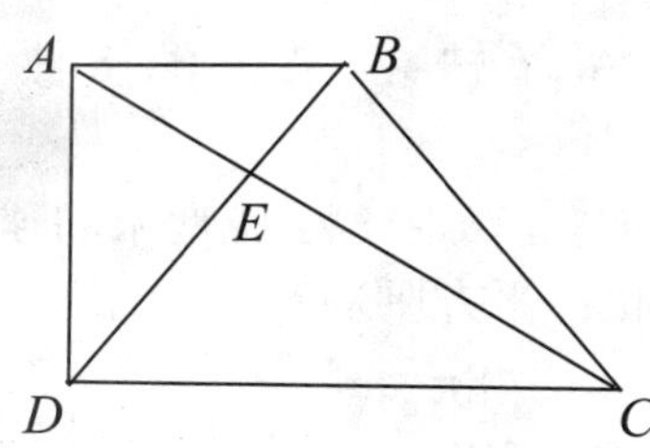

9. 现有长方形木板 340 张, 正方形木板 160 张(如图), 这些木板恰好可以装配成若干个竖式和横式的无盖箱子（如图）. 装配成的竖式和横式箱子的个数分别为（　）.

A. 25 , 80
B. 60 , 50
C. 20 , 70
D. 60 , 40
E. 40 , 60

10. 圆 $x^2+y^2-6x+4y=0$ 上到原点距离最远的点是（　）.

A. (−3, 2)
B. (3, −2)
C. (6, 4)
D. (−6, 4)
E. (6, −4)

11. 如图, 点 A, B, O 的坐标分别为 (4, 0), (0, 3), (0, 0). 若 (x, y) 是 ΔAOB 中的点, 则 $2x+3y$ 的最大值为（　）.

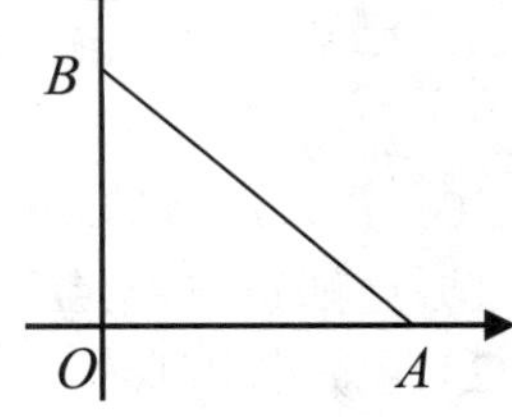

A. 12
B. 9
C. 8
D. 7
E. 6

12. 设抛物线 $y=x^2+2ax+b$ 与 x 轴相交于 A, B 两点, 点 C 坐标为 $(0,2)$, 若 ΔABC 的面积等于 6, 则（　）.

A. $a^2+b=9$
B. $a^2-b=9$
C. $a^2-b=36$
D. $a^2-4b=9$
E. $a^2+b=36$

13. 某公司以分期付款方式购买一套定价 1 100 万元的设备, 首期付款 100 万, 之后每月付款 50 万元, 并支付上期余款的利息, 月利率 1%, 该公司共为此设备支付了（　）.

A. 1 300 万元
B. 1 215 万元
C. 1 205 万元
D. 1 200 万元
E. 1 195 万元

14. 某学生要在 4 门不同课程中选修 2 门课程, 这 4 门课程中的 2 门各开设 1 个班, 另外 2 门各开设 2 个班, 该学生不同的选课方式共有（　）.

A. 6 种　　B. 8 种　　C. 10 种　　D. 13 种　　E. 15 种

15. 如图, 在半径为 10 厘米的球体上开一个底面半径是 6 厘米的圆柱形洞, 则洞的内壁面积为（单位：平方厘米）（　）.

A. 48π　　C. 96π

B. 288π　　D. 576π

E. 192π

二、条件充分性判断：第 16～25 小题，每小题 3 分，共 30 分。要求判断每题给出的条件（1）和条件（2）能否充分支持题干所陈述的结论。A、B、C、D、E 五个选项为判断结果，请选择一项符合试题要求的判断。

（A）条件（1）充分, 但条件（2）不充分.

（B）条件（2）充分, 但条件（1）不充分.

（C）条件（1）和条件（2）单独都不充分, 但条件（1）和条件（2）联合起来充分.

（D）条件（1）充分, 条件（2）也充分.

（E）条件（1）和条件（2）单独都不充分, 条件（1）和条件（2）联合起来也不充分.

16. 已知某公司男员工的平均年龄和女员工的平均年龄, 则能确定该公司员工的平均年龄.

（1）已知该公司的员工人数.

（2）已知该公司男、女员工的人数之比.

17. 如图, 正方形 $ABCD$ 由四个相同的长方形和一个小正方形拼成, 则能确定小正方形的面积.

（1）已知正方形 $ABCD$ 的面积.

（2）已知长方形的长与宽之比.

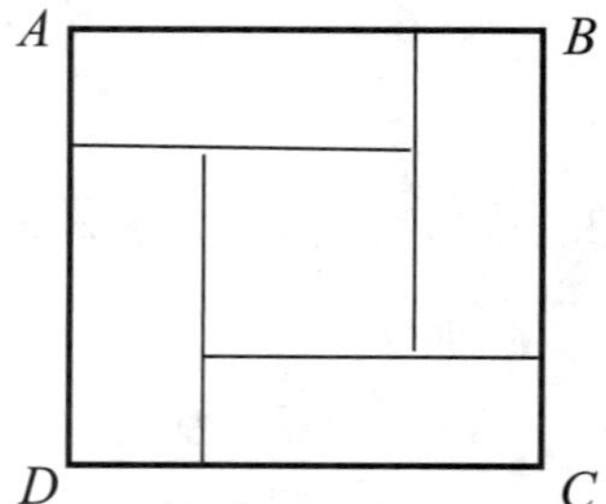

18. 将 2 升甲酒精和 1 升乙酒精混合得到丙酒精, 则能确定甲、乙两种酒精的浓度.

（1）1 升甲酒精和 5 升乙酒精混合后的浓度是丙酒精浓度的 $\frac{1}{2}$ 倍.

（2）1 升甲酒精和 2 升乙酒精混合后的浓度是丙酒精浓度的 $\frac{2}{3}$ 倍.

19. 设有两组数据 S_1 :3,4,5,6,7 和 S_2 :4, 5, 6, 7, a , 则能确定 a 的值.

（1）S_1与S_2的均值相等.

（2）S_1与S_2的方差相等.

20. 利用长度为a和b的两种管材能连接成长度为37（单位:米）的管道.
（1）$a=3$, $b=5$.
（2）$a=4$, $b=6$.

21. 设x, y是实数, 则$x\leqslant 6$, $y\leqslant 4$.

（1）$x\leqslant y+2$.
（2）$2y\leqslant x+2$.

22. 已知数列$a_1,a_2,a_3,\cdots,a_{10}$, 则$a_1-a_2+a_3-\cdots+a_9-a_{10}\geqslant 0$.

（1）$a_n\geqslant a_{n+1}$, $n=1,2,\cdots,9$.

（2）$a_n^2\geqslant a_{n+1}^2$, $n=1,2,\cdots,9$.

23. 已知$f(x)=x^2+ax+b$, 则$0\leqslant f(1)\leqslant 1$.

（1）$f(x)$在区间$[0,1]$中有两个零点.

（2）$f(x)$在区间$[1,2]$中有两个零点.

24. 已知M是一个平面有限点集, 则平面上存在到M中各点距离相等的点.
（1）M中只有三个点.
（2）M中的任意三点都不共线.

25. 设x, y是实数, 则可以确定x^3+y^3的最小值.

（1）$xy=1$.
（2）$x+y=2$.

三、逻辑推理：第26～55小题，每小题2分，共60分。下列每题给出的A、B、C、

D、E 五个选项中，只有一项是符合试题要求的。

26. 企业要建设科技创新中心，就要推进与高校、科技院所的合作，这样才能激发自主创新的活力。一个企业只有搭建服务科技创新发展战略的平台、科技创新与经济发展对接的平台以及聚集创新人才的平台，才能催生重大科技成果。

根据上述信息，可以得出以下哪项？

A. 如果企业搭建科技创新与经济发展对接的平台，就能激发其自主创新的活力。

B. 如果企业搭建了服务科技创新发展战略的平台，就能催生重大科技成果。

C. 能否推进与高校、科研院所的合作决定企业是否具有自主创新的活力。

D. 如果企业没有搭建聚集创新人才的平台，就无法催生重大科技成果。

E. 如果企业推进与高校、科研院所的合作，就能激发其自主创新的活力。

27. 生态文明建设事关社会发展方式和人民福祉。只有实行最严格的制度、最严密的法治，才能为生态文明建设提供可靠保障。如果要实行最严格的制度、最严密的法治，就要建立责任追究制度，对那些不顾生态环境盲目决策并造成严重后果者，追究其相应的责任。

根据以上信息，可以得出以下哪项？

A. 如果对那些不顾生态环境盲目决策并造成严重后果者追究相应责任，就能为生态文明建设提供可靠保障。

B. 实行最严格的制度和最严密的法治是生态文明建设的重要目标。

C. 如果不建立责任追究制度，就不能为生态文明建设提供可靠保障。

D. 只有筑牢生态环境的制度防护墙，才能造福于民。

E. 如果要建立责任追究制度，就要实行最严格的制度、最严密的法治。

28. 注重对孩子的自然教育，让孩子亲身感受大自然的神奇与美妙，可促进孩子释放天性，激发自身潜能；而缺乏这方面教育的孩子容易变得孤独，道德、情感与认知能力的发展都会受到一定的影响。

以下哪项与以上陈述方式最为类似？

A. 脱离环境保护搞经济发展是“竭泽而渔”，离开经济发展抓环境保护是“缘木求鱼”。

B. 只说一种语言的人，首次被诊断出患阿尔茨海默症的平均年龄约为 71 岁；说双语的人，首次被诊断出患阿尔茨海默症的平均年龄约为76岁；说三种语言的人，首次被诊断出患阿尔茨海默症的平均年龄约为 78 岁。

C. 老百姓过去“盼温饱”，现在“盼环保”；过去“求生存”，现在“求生态”。

D. 注重调查研究，可以让我们掌握第一手资料；闭门造车，只能让我们脱离实际。

E. 如果孩子完全依赖电子设备来进行学习和生活，将会对环境越来越漠视。

29. 古人以干支纪年。甲乙丙丁戊己庚辛壬癸为十干，也称天干。子丑寅卯辰巳午未申酉戌亥为十二支，也称地支。顺次以天干配地支，如甲子、乙丑、丙寅、……、癸酉、甲戌、乙亥、丙子等，六十年重复一次，俗称六十花甲子。根据干支纪年，公元 2014 年为甲午年，公元 2015 年为乙未年。

根据以上陈述，可以得出以下哪项？

A．现代人已不用干支纪年。

B．21 世纪会有甲丑年。

C．干支纪年有利于农事。

D．根据干支纪年，公元 2024 年为甲寅年。

E．根据干支纪年，公元 2087 年为丁未年。

30．赵明与王洪都是某高校辩论协会成员，在为今年华语辩论赛招募新队员问题上，两人发生了争执。赵明：我们一定要选拔喜爱辩论的人。因为一个人只有喜爱辩论，才能投入精力和时间研究辩论并参加辩论赛。王洪：我们招募的不是辩论爱好者，而是能打硬仗的辩手。无论是谁，只要能在辩论赛中发挥应有的作用，他就是我们理想的人选。

以下哪项最可能是两人争论的焦点？

A．招募的标准是从现实出发还是从理想出发。

B．招募的目的是研究辩论规律还是培养实战能力。

C．招募的目的是为了培养新人还是赢得比赛。

D．招募的标准是对辩论的爱好还是辩论的能力。

E．招募的目的是为了集体荣誉还是满足个人爱好。

31．在某届洲际杯足球大赛中，第一阶段某小组单循环赛共有 4 支队伍参加，每支队伍需要在这一阶段比赛三场。甲国足球队在该小组的前两轮比赛中一平一负。在第三轮比赛之前，甲国队主教练在新闻发布会上表示：“只有我们在下一场比赛中取得胜利并且本组的另外一场比赛打成平局，我们才有可能从这个小组出线。”

如果甲国队主教练的陈述为真，以下哪项是不可能的？

A．第三轮比赛该小组两场比赛都分出了胜负，甲国队从小组出线。

B．甲国队第三场比赛取得了胜利，但他们未能从小组出线。

C．第三轮比赛甲国队取得了胜利，该小组另一场比赛打成平局，甲国队未能从小组出线。

D．第三轮比赛该小组另外一场比赛打成平局，甲国队从小组出线。

E．第三轮比赛该小组两场比赛都打成了平局，甲国队未能从小组出线。

32．考古学家发现，那件仰韶文化晚期的土坯砖边缘整齐，并且没有切割痕迹，由此他们推测，这件土坯砖应当是使用木质模具压制成型的；而其他 5 件由土坯砖经过烧制而成的烧结砖，经检测其当时的烧制温度为 850℃~900℃。由此考古学家进一步推测，当时的砖是先使用模具将粘土做成土坯，然后再经过高温烧制而成的。

以下哪项如果为真，最能支持上述考古学家的推测？

A．仰韶文化晚期的年代约为公元前 3500 年~公元前 3000 年。

B．仰韶文化晚期，人们已经掌握了高温冶炼技术。

C．出土的 5 件烧结砖距今已有 5000 年，确实属于仰韶文化晚期的物品。

D．没有采用模具而成型的土坯砖，其边缘或者不整齐，或者有切割痕迹。
E．早在西周时期，中原地区人们就可以烧制铺地砖和空心砖。

33．研究人员发现，人类存在3种核苷酸基因类型：AA型、AG型以及GG型。一个人有36%的概率是AA型，有48%的概率是AG型，有16%的概率是GG型。在1200名参与实验的老年人中，拥有AA型和AG型基因类型的人都在上午11时之前去世，而拥有GG型基因类型的人几乎都在下午6时左右去世。研究人员据此认为：GG型基因类型的人会比其他人平均晚死7个小时。
以下哪项如果为真，最能质疑上述研究人员的观点？
A．平均寿命的计算依据应是实验对象的生命存续长度，而不是实验对象的死亡时间。
B．当死亡临近的时候，人体会还原到一种更加自然的生理节律感应阶段。
C．有些人是因为疾病或者意外事故等其他因素而死亡的。
D．对人死亡时间的比较，比一天中的哪一时刻更重要的是哪一年、哪一天。
E．拥有GG型基因类型的实验对象容易患上心血管疾病。

34．某市消费者权益保护条例明确规定，消费者对其所购商品可以“7天内无理由退货”。但这项规定出台后并未得到顺利执行，众多消费者在7天内“无理由”退货时，常常遭遇商家的阻挠，他们以商品已作特价处理、商品已经开封或使用等理由拒绝退货。
以下哪项如果为真，最能质疑商家阻挠退货的理由？
A．开封验货后，如果商品规格、质量等问题来自消费者本人，他们应为此承担责任。
B．那些作特价处理的商品，本来质量就没有保证。
C．如果不开封验货，就不能知道商品是否存在质量问题。
D．政府总偏向消费者，这对于商家来说是不公平的。
E．商品一旦开封或使用了，即使不存在问题，消费者也可以选择退货。

35．某县县委关于下周一几位领导的工作安排如下：
（1）如果李副书记在县城值班，那么他就要参加宣传工作例会；
（2）如果张副书记在县城值班，那么他就做信访接待工作；
（3）如果王书记下乡调研，那么张副书记或李副书记就需在县城值班；
（4）只有参加宣传工作例会或做信访接待工作，王书记才不下乡调研；
（5）宣传工作例会只需分管宣传的副书记参加，信访接待工作也只需一名副书记参加。
根据上述工作安排，可以得出以下哪项？
A．张副书记做信访接待工作。
B．王书记下乡调研。
C．李副书记参加宣传工作例会。
D．李副书记做信访接待工作。
E．张副书记参加宣传工作例会。

36. 近年来，越来越多的机器人被用于在战场上执行侦察、运输、拆弹等任务，甚至将来冲锋陷阵的都不再是人，而是形形色色的机器人。人类战争正在经历自核武器诞生以来最深刻的革命。有专家据此分析指出，机器人战争技术的出现可以使人类远离危险，更安全、更有效地实现战争目标。

以下哪些如果为真，最能质疑上述专家的观点？

A. 现代人类掌控机器人，但未来机器人可能会掌控人类。

B. 因不同国家之间军事科技实力的差距，机器人战争技术只会让部分国家远离危险。

C. 机器人战争技术有助于摆脱以往大规模杀戮的血腥模式，从而让现代战争变得更为人道。

D. 掌握机器人战争技术的国家为数不多，将来战争的发生更为频繁也更为血腥。

E. 全球化时代的机器人战争技术要消耗更多资源，破坏生态环境。

37. 郝大爷过马路时不幸摔倒昏迷，所幸有小伙子及时将他送往医院救治。郝大爷病情稳定后，有4位陌生小伙陈安、李康、张幸、汪福来医院看望他。郝大爷问他们究竟是谁送他来医院，他们回答如下：

陈安：我们4人都没有送您来医院。

李康：我们4人有人送您来医院。

张幸：李康和汪福至少有一人没有送您来医院。

汪福：送您来医院的人不是我。

后来证实上述4人有两人说真话，有两人说假话。

根据上述信息，可以得出以下哪项？

A. 说真话的是李康和张幸。

B. 说真话的是陈安和张幸。

C. 说真话的是李康和汪福。

D. 说真话的是张幸和汪福。

E. 说真话的是陈安和汪福。

38. 开车上路，一个人不仅需要有良好的守法意识，也需要有特别的“理性计算”：在拥堵的车流中，只要有“加塞”的，你开的车就一定要让着它；你开着车在路上正常直行，有车不打方向灯在你近旁突然横过来要撞上你，原来它想要变道，这时你也得让着它。

以下除哪项外，均能质疑上诉“理性计算”的观点？

A. 有理的让着没理的，只会助长歪风邪气，有悖于社会的法律与道德。

B. “理性计算”其实就是胆小怕事，总觉得凡事能躲则躲，但有的事很难躲过。

C. 一味退让就会给行车带来极大的危险，不但可能伤及自己，而且也可能伤及无辜。

D. 即便碰上也不可怕，碰上之后如果立即报警，警方一般会有公正的裁决。

E. 如果不让，就会碰上；碰上之后，即便自己有理，也会有很多麻烦。

39. 有专家指出，我国城市规划缺少必要的气象论证，城市的高楼建得高耸而密集，阻碍了城市的通风循环。有关资料显示，近几年国内许多城市的平均风速已下降10%。风速下降，意味着大气扩散能力减弱，导致大气污染物滞留时间延长，易形成雾霾天气和热岛效应。为此，有专家提出建立“城市风道”的设想，即在城市里制造几条畅通的通风走廊，让风在城市中更加自由地进出，促进城市空气的更新循环。

以下哪项如果为真，最能支持上述建立“城市风道”的设想？

A. 城市风道形成的“穿街风”，对建筑物的安全影响不大。

B. 风从八方来，“城市风道”的设想过于主观和随意。

C. 有风道但没有风，就会让城市风道成为无用的摆设。

D. 有些城市已拥有建立“城市风道”的天然基础。

E. 城市风道不仅有利于“驱霾”，还有利于散热。

40. 2014年，为迎接APEC会议的召开，北京、天津、河北等地实施“APEC治理模式”，采取了有史以来最严格的减排措施。果然，令人心醉的“APEC蓝”出现了。然而，随着会议的结束，“APEC蓝”也渐渐消失了。对此，有些人士表示困惑，既然政府能在短期内实施“APEC治理模式”取得良好效果，为什么不将这一模式长期坚持下去呢？

以下除哪项外，均能解释人们的困惑？

A. 最严格的减排措施在落实过程中已产生很多难以解决的实际困难。

B. 如果近期将“APEC治理模式”常态化，将会严重影响地方经济和社会发展。

C. 任何环境治理都需要付出代价，关键在于付出的代价是否超出收益。

D. 短期严格的减排措施只能是权宜之计，大气污染治理仍需从长计议。

E. 如果APEC会议期间北京雾霾频发，就会影响我们国家的形象。

41. 根据现有物理学定律，任何物质的运动速度都不可能超过光速，但最近一次天文观测结果向这条定律发起了挑战。距离地球遥远的IC310星系拥有一个活跃的黑洞，掉入黑洞的物质产生了伽马射线冲击波。有些天文学家发现，这束伽马射线的速度超过了光速，因为它只用了4.8分钟就穿越了黑洞边界，而光要25分钟才能走完这段距离。由此，这些天文学家提出，光速不变定律需要修改了。

以下哪项如果为真，最能质疑上述天文学家所做的结论？

A. 或者光速不变定律已经过时，或者天文学家的观测有误。

B. 如果天文学家的观测没有问题，光速不变定律就需要修改。

C. 要么天文学家的观测有误，要么有人篡改了天文观测数据。

D. 天文观测数据可能存在偏差，毕竟IC310星系离地球很远。

E. 光速不变定律已经历过多次实践检验，没有出现反例。

42. 某公司办公室茶水间提供自助式收费饮料。职员拿完饮料后，自己把钱放到特设的收款箱中。研究者为了判断职员在无人监督时，其自律水平会受哪些因素的影响，特地在收款箱上方贴了一张装饰图片，每周一换。装饰图片有时是一些花朵，有时是一双眼睛。一个有趣的现象出现了：贴着“眼睛”的那一周，收款箱里的钱远远超过贴其他图片的情形。

以下哪项如果为真，最能解释上述实验现象？

A．该公司职员看到“眼睛”图片时，就能联想到背后可能有人看着他们。
B．在该公司工作的职员，其自律能力超过社会中的其他人。
C．该公司职员看着“花朵”图片时，心情容易变得愉快。
D．眼睛是心灵的窗口，该公司职员看到“眼睛”图片时会有一种莫名的感动。
E．在无人监督的情况下，大部分人缺乏自律能力。

43~44 题基于以下题干：
某皇家园林依中轴线布局，从前到后依次排列着七个庭院。这七个庭院分别以汉字“日”“月”“金”“木”“水”“火”“土”来命名。已知：
（1）“日”字庭院不是最前面的那个庭院；
（2）“火”字庭院和“土”字庭院相邻；
（3）“金”“月”两庭院间隔的庭院数与“木”“水”两庭院间隔的庭院数相同。

43．根据上述信息，下列哪个庭院可能是“日”字庭院？
A．第一个庭院。
B．第二个庭院。
C．第四个庭院。
D．第五个庭院。
E．第六个庭院。

44．如果第二个庭院是“土”字庭院，可以得出以下哪项？
A．第七个庭院是“水”字庭院。
B．第五个庭院是“木”字庭院。
C．第四个庭院是“金”字庭院。
D．第三个庭院是“月”字庭院。
E．第一个庭院是“火”字庭院。

45．在一项关于“社会关系如何影响人的死亡率”的课题研究中，研究人员惊奇地发现：不论种族、收入、体育锻炼等因素，一个乐于助人、和他人相处融洽的人，其平均寿命长于一般人，在男性中尤其如此；相反，心怀恶意、损人利己、和他人相处不融洽的人 70 岁之前的死亡率比正常人高出 1.5 至 2 倍。
以下哪项如果为真，最能解释上述发现？
A．身心健康的人容易和他人相处融洽，而心理有问题的人与他人很难相处。
B．男性通常比同年龄段的女性对他人有更强的“敌视情绪”，多数国家男性的平均寿命也因此低于女性。
C．与人为善带来轻松愉悦的情绪，有益身体健康；损人利己则带来紧张的情绪，有损身体健康。
D．心存善念、思想豁达的人大多精神愉悦、身体健康。
E．那些自我优越感比较强的人通常“敌视情绪”也比较强，他们长时间处于紧张状态。

46. 超市中销售的苹果常常留有一定的油脂痕迹，表面显得油光滑亮。牛师傅认为，这是残留在苹果上的农药所致，水果在收摘之前都喷洒了农药，因此，消费者在超市购买水果后，一定要清洗干净方能食用。

以下哪项最可能是牛师傅看法所依赖的假设？

A．除了苹果，其他许多水果运至超市时也留有一定的油脂痕迹。

B．超市里销售的水果并未得到彻底清洗。

C．只有那些在水果上能留下油脂痕迹的农药才可能被清洗掉。

D．许多消费者并不在意超市销售的水果是否清洗过。

E．在水果收摘之前喷洒的农药大多数会在水果上留下油脂痕迹。

47. 许多人不仅不理解别人，而且也不理解自己，尽管他们可能曾经试图理解别人，但这样的努力注定会失败，因为不理解自己的人是不可能理解别人的。可见，那些缺乏自我理解的人是不会理解别人的。

以下哪项最能说明上述论证的缺陷？

A．使用了“自我理解”概念，但并未给出定义。

B．没有考虑“有些人不愿意理解自己”这样的可能性。

C．没有正确把握理解别人和理解自己之间的关系。

D．结论仅仅是对其论证前提的简单重复。

E．间接指责人们不能换位思考，不能相互理解。

48. 在编号壹、贰、叁、肆的4个盒子中装有绿茶、红茶、花茶和白茶4种茶，每个盒子只装一种茶，每种茶只装在一个盒子中。已知：

（1）装绿茶和红茶的盒子在壹、贰、叁号范围之内；

（2）装红茶和花茶的盒子在贰、叁、肆号范围之内；

（3）装白茶的盒子在壹、贰、叁号范围之内。

根据上述已知条件，可以得出以下哪项？

A．绿茶装在叁号盒子中。

B．花茶装在肆号盒子中。

C．白茶装在叁号盒子中。

D．红茶装在贰号盒子中。

E．绿茶装在壹号盒子中。

49. 在某项目招标过程中，赵嘉、钱宜、孙斌、李汀、周武、吴纪6人作为各自公司代表参与投标，有且只有一人中标。关于究竟谁是中标者，招标小组中有3位成员各自谈了自己的看法：

（1）中标者不是赵嘉就是钱宜；

（2）中标者不是孙斌；

（3）周武和吴纪都没有中标。

经过深入调查，发现上述 3 人中只有一人的看法是正确的。
根据以上信息，以下哪项中的 3 人都可以确定没有中标？
A．钱宜、孙斌、周武。
B．孙斌、周武、吴纪。
C．赵嘉、钱宜、李汀。
D．赵嘉、周武、吴纪。
E．赵嘉、孙斌、李汀。

50．如今，电子学习机已全面进入儿童的生活。电子学习机将文字与图像、声音结合起来，既生动形象，又富有趣味性，使儿童独立阅读成为可能。但是，一些儿童教育专家却对此发出警告，电子学习机可能不利于儿童成长。他们认为，父母应该抽时间陪孩子一起阅读纸质图书。陪孩子一起阅读纸质图书，并不是简单地让孩子读书识字，而是在交流中促进其心灵的成长。
以下哪项如果为真，最能支持上述专家的观点？
A．纸质图书有利于保护儿童视力，有利于父母引导儿童形成良好的阅读习惯。
B．在使用电子学习机时，孩子往往更多关注其使用功能而非学习内容。
C．接触电子产品越早，就越容易上瘾，长期使用电子学习机会形成“电子瘾”。
D．现代生活中年轻父母工作压力较大，很少有时间能与孩子一起共同阅读。
E．电子学习机最大的问题是让父母从孩子的阅读行为中走开，减少了父母与孩子的日常交流。

51．田先生认为，绝大部分笔记本电脑运行速度慢的原因不是 CPU 性能太差，也不是内存容量太小，而是硬盘速度太慢，给老旧的笔记本电脑换装固态硬盘可以大幅度提升使用者的游戏体验以下哪项如果为真，最能质疑田先生的观点？
A．固态硬盘很贵，给老旧笔记本换装硬盘费用不低。
B．销售固态硬盘的利润远高于销售传统的笔记本电脑硬盘。
C．少部分老旧笔记本电脑的 CPU 性能很差，内存也小。
D．使用者的游戏体验很大程度上取决于笔记本电脑的显卡，而老旧笔记本电脑显卡较差。
E．一些笔记本电脑使用者的使用习惯不好，使得许多运行程序占据大量内存，导致电脑运行速度缓慢。

52～53 题基于以下题干：
钟医生：“通常，医学研究的重要成果在杂志发表之前需要经过匿名评审，这需要耗费不少时间。如果研究者能放弃这段等待时间而事先公布其成果，我们的公共卫生水平就可以伴随着医学发现更快获得提高。因为新医学信息的及时公布将允许人们利用这些信息提高他们的健康水平。”
52．以下哪项最可能是钟医生论证所依赖的假设？
A．许多医学杂志的论文评审者本身并不是医学研究专家。
B．首次发表于匿名评审杂志的新医学信息一般无法引起公众的注意。
C．即使医学论文还没有在杂志发表，人们还是会使用已公开的相关新信息。
D．部分医学研究者愿意放弃在杂志上发表，而选择事先公布其成果。

E. 因为工作繁忙，许多医学研究者不愿成为论文评审者。

53. 以下哪项如果为真，最能削弱钟医生的论证？

A. 社会公共卫生水平的提高还取决于其他因素，并不完全依赖于医学新发现。

B. 大部分医学杂志不愿意放弃匿名评审制度。

C. 人们常常根据新发表的医学信息来调整他们的生活方式。

D. 有些媒体常常会提前报道那些匿名评审杂志准备发表的医学研究成果。

E. 匿名评审常常能阻止那些含有错误结论的文章发表。

54～55 题基于以下题干：

江海大学的校园美食节开幕了，某女生宿舍有5人积极报名参加此次活动，她们的姓名分别为金粲、木心、水仙、火珊、土润。举办方要求，每位报名者只做一道菜品参加评比，但需自备食材。限于条件，该宿舍所备食材仅有5种：金针菇、木耳、水蜜桃、火腿和土豆，要求每种食材只能有2人选用，每人又只能选用2种食材，并且每人所选食材名称的第一个字与自己的姓氏均不相同。已知：

（1）如果金粲选水蜜桃，则水仙不选金针菇；

（2）如果木心选金针菇或土豆，则她也须选木耳；

（3）如果火珊选水蜜桃，则她也须选木耳和土豆；

（4）如果木心选火腿，则火珊不选金针菇。

54. 根据上述信息，可以得出以下哪项？

A. 金粲选用木耳、土豆。

B. 水仙选用金针菇、火腿。

C. 土润选用金针菇、水蜜桃。

D. 火珊选用木耳、水蜜桃。

E. 木心选用水蜜桃、土豆。

55. 如果水仙选用土豆，则可以得出以下哪项？

A. 水仙选用木耳、土豆。

B. 火珊选用金针菇、土豆。

C. 土润选用水蜜桃、火腿。

D. 木心选用金针菇、水蜜桃。

E. 金粲选用木耳、火腿。

四、写作：第56～57小题，共65分。其中论证有效性分析30分，论说文35分。

56. 论证有效性分析：分析下述论证中存在的缺陷和漏洞，选择若干要点，写一篇600字左右的文章，对该论证的有效性进行分析和评论。（论证有效性分析的一般要点是：概念特别是核心概念的界定和使用是否准确并前后一致，有无各种明显的逻辑错误，论证的论据是否成立并支持结论，结论成立的条件是否充分，等等。）

现在人们常在谈论大学毕业生就业难的问题，其实大学生的就业并不难。据国家统计局数据，2012 年我国劳动年龄人口比 2011 年减少了 345 万，这说明我国劳动力的供应从过剩变成了短缺。据报道，近年长三角等地区频频出现“用工荒”现象，2015 年第二季度我国岗位空缺与求职人数的比率均为 1.06，表明劳动力市场需求大于供给。因此，我国的大学生其实还是供不应求的。

还有，一个人受教育程度越高，他的整体素质也就越高，适应能力就越强，当然也就越容易就业，大学生显然比其他社会群体更容易就业，再说大学生就业难就没有道理了。

实际上，一部分大学生就业难，是因为其所学专业与市场需求不相适应或对就业岗位的要求过高。因此，只要根据市场需求调整高校专业设置，对大学生进行就业教育以改变他们的就业观念，鼓励大学生自主创业，那么大学生就业难问题将不复存在。

总之，大学生的就业并不是什么问题，我们大可不必为此顾虑重重。

57. 论说文：根据下述材料，写一篇 700 字左右的论说文，题目自拟。

亚里士多德说：“城邦的本质在于多样性，而不在于一致性。……无论是家庭还是城邦，它们的内部都有着一定的一致性。不然的话，它们是不可能组建起来的。但这种一致性是有一定限度的。……同一种声音无法实现和谐，同一个音阶也无法组成旋律。城邦也是如此，它是一个多面体。人们只能通过教育使存在着各种差异的公民统一起来，组成一个共同体。”

2016 年综合真题答案

一、问题求解

1. D	2. C	3. C	4. E	5. B
6. B	7. D	8. D	9. E	10. E
11. B	12. B	13. C	14. D	15. E

二、条件充分性判断

16. B	17. C	18. E	19. A	20. A
21. C	22. A	23. D	24. C	25. B

三、逻辑推理

26. D	27. C	28. D	29. E	30. D
31. A	32. D	33. D	34. E	35. B
36. D	37. A	38. E	39. E	40. E
41. C	42. A	43. D	44. E	45. C
46. B	47. D	48. B	49. C	50. E
51. D	52. C	53. E	54. C	55. E

四、写作

见解析。

详细解析和精讲

扫码查看 2016 年
综合真题解析

扫码观看综合真题
同步直播课程

绝密★启用前
综合试卷

2015年全国硕士研究生入学统一考试

综合能力

（科目代码：199）

研考 综合 试卷条形码

○考生注意事项○

1. 答题前，考生须在试题册指定位置上填写考生编号和考生姓名；在答题卡指定位置上填写报考单位、考生姓名和考生编号，并涂写考生编号信息点。

2. 考生须把试题册上的“试卷条形码”粘贴条取下，粘贴在答题卡的试卷条形码粘贴位置框中。不按规定粘贴条形码而影响评卷结果的，责任由考生自负。

3. 选择题的答案必须涂写在答题卡相应题号的选项上，非选择题的答案必须书写在答题卡指定位置的边框区域内。超出答题区域书写的答案无效；在草稿纸、试题册上答题无效。

4. 填(书)写部分必须使用黑色签字笔书写，字迹工整、笔迹清楚；涂写部分必须使用2B铅笔填涂。

5. 考试结束，将答题卡按规定交回。

（以下信息考生必须认真填写）

考生编号														
考生姓名														

一、问题求解：第 1～15 小题，每小题 3 分，共 45 分。下列每题给出的 A、B、C、D、E 五个选项中，只有一项是符合试题要求的。

1. 若实数 a，b，c 满足 $a:b:c=1:2:5$，且 $a+b+c=24$，则 $a^2+b^2+c^2=$（　）.

A. 30　　B. 90　　C. 120　　D. 240　　E. 270

2. 某公司共有甲、乙两个部门. 如果从甲部门调10人到乙部门，那么乙部门人数是甲部门人数的2倍；如果把乙部门员工的 $\frac{1}{5}$ 调到甲部门，那么两个部门的人数相等.该公司的总人数为（　）.

A. 150　　B. 180　　C. 200　　D. 240　　E. 250

3. 设 m,n 是小于 20 的质数，满足条件 $|m-n|=2$ 的 $\{m,n\}$ 共有（　）.

A. 2 组　　B. 3 组　　C. 4 组　　D. 5 组　　E. 6 组

4. 如图所示，BC 是半圆的直径，且 $BC=4$，$\angle ABC=30°$，则图中阴影部分的面积为（　）.

A. $\frac{4}{3}\pi-\sqrt{3}$　　B. $\frac{4}{3}\pi-2\sqrt{3}$

C. $\frac{2}{3}\pi+\sqrt{3}$　　D. $\frac{2}{3}\pi+2\sqrt{3}$

E. $2\pi-2\sqrt{3}$

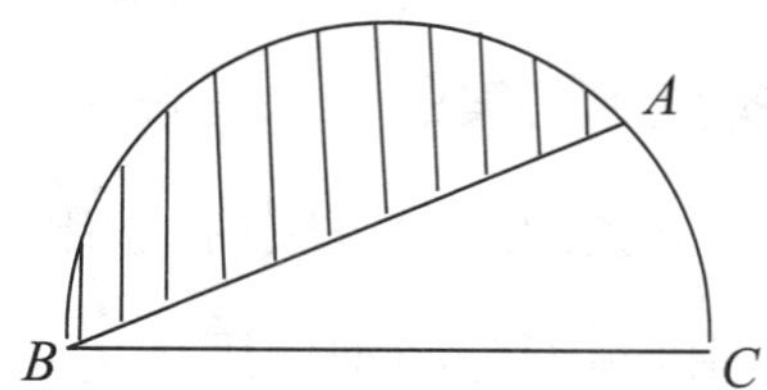

5. 某人驾车从 A 地赶往 B 地，前一半路程比计划多用时45分钟，平均速度只有计划的80%. 若后一半路程的平均速度为 120 千米/小时，此人还能按原定时间到达 B 地. A，B 两地的距离为（　）.

A. 450 千米　　B. 480 千米　　C. 520 千米

D. 540 千米　　E. 600 千米

6. 在某次考试中，甲、乙、丙三个班的平均成绩分别为 80，81 和 81.5，三个班的学生得分之和为 6 952，三个班共有学生（　）.

A. 85 名　　B. 86 名　　C. 87 名　　D. 88 名　　E. 90 名

7. 有一根圆柱形铁管，管壁厚度为0.1 m，内径为1.8 m，长度为2 m，若将该铁管熔化后烧铸成长方体，则该长方体的体积为（单位：m^3，$\pi=3.14$）（　）.

A. 0.38　　B. 0.59　　C. 1.19　　D. 5.09　　E. 6.28

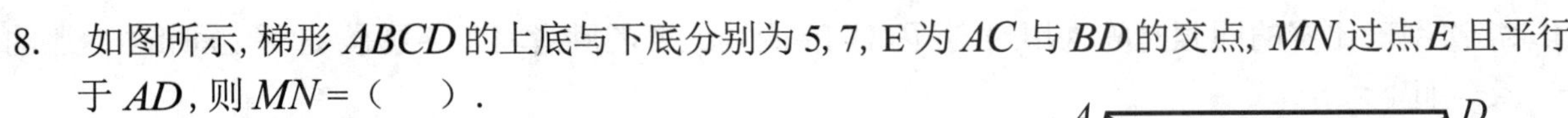

8. 如图所示，梯形 $ABCD$ 的上底与下底分别为 5, 7, E 为 AC 与 BD 的交点，MN 过点 E 且平行于 AD，则 $MN=$（　）.

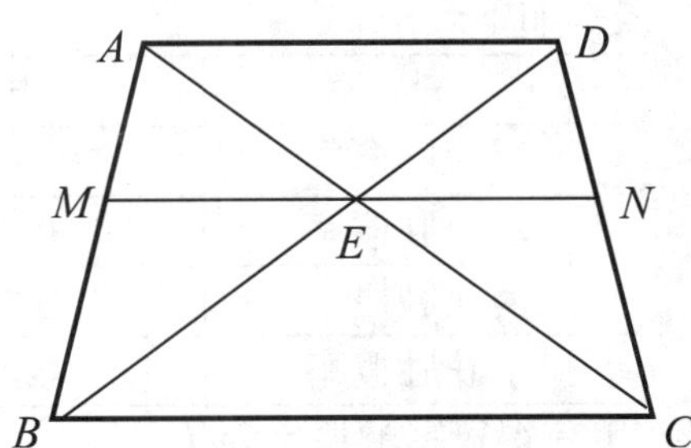

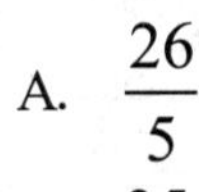
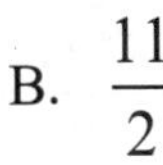

A. $\dfrac{26}{5}$　　B. $\dfrac{11}{2}$　　C. $\dfrac{35}{6}$　　D. $\dfrac{36}{7}$　　E. $\dfrac{40}{7}$

9. 若直线 $y=ax$ 与圆 $(x-a)^2+y^2=1$ 相切，则 $a^2=$（　）.

A. $\dfrac{1+\sqrt{3}}{2}$　　B. $1+\dfrac{\sqrt{3}}{2}$　　C. $\dfrac{\sqrt{5}}{2}$　　D. $1+\dfrac{\sqrt{5}}{3}$　　E. $\dfrac{1+\sqrt{5}}{2}$

10. 设点 $A(0,2)$ 和 $B(1,0)$，在线段 AB 上取一点 $M(x,y)$（$0<x<1$），则以 x，y 为两边长的矩形面积的最大值为（　）.

A. $\dfrac{5}{8}$　　B. $\dfrac{1}{2}$　　C. $\dfrac{3}{8}$　　D. $\dfrac{1}{4}$　　E. $\dfrac{1}{8}$

11. 已知 x_1, x_2 是方程 $x^2-ax-1=0$ 的两个实根，则 $x_1^{\ 2}+x_2^{\ 2}=$（　）.

A. a^2+2　　B. a^2+1　　C. a^2-1　　D. a^2-2　　E. $a+2$

12. 一件工作，甲、乙两人合作需要 2 天，人工费 2 900 元；乙、丙两人合作需要 4 天，人工费 2 600 元；甲、丙两人合作 2 天完成了全部工作量的 $\dfrac{5}{6}$，人工费 2 400 元. 甲单独做该工作需要的时间与人工费分别为（　）.

A. 3 天，3 000 元　　B. 3 天，2 580 元　　C. 4 天，3 000 元
D. 4 天，2 980 元　　E. 4 天，2 900 元

13. 某新兴产业在2005年年末至2009年年末产值的年平均增长率为 q，在2009年年末至2013年年末产值的年平均增长率比前四年下降了40%，2013年的产值约为2005年产值的14.46（$\approx 1.95^4$）倍，则 q 约为（　）.

A. 30%　　B. 35%　　C. 40%　　D. 45%　　E. 50%

14. 某次网球比赛的四强对阵为甲对乙、丙对丁，两场比赛的胜者将争夺冠军，选手之间相互获胜的概率如下：

	甲	乙	丙	丁
甲获胜概率		0.3	0.3	0.8
乙获胜概率	0.7		0.6	0.3
丙获胜概率	0.7	0.4		0.5
丁获胜概率	0.2	0.7	0.5	

甲获得冠军的概率为（　）.

A. 0.165　　B. 0.245　　C. 0.275　　D. 0.315　　E. 0.330

15. 平面上有5条平行直线与另一组 n 条平行直线垂直.若两组平行直线共构成280个矩形，则 $n=$（　）.

A. 5　　B. 6　　C. 7　　D. 8　　E. 9

二、条件充分性判断：第 16～25 小题，每小题 3 分，共 30 分。要求判断每题给出的条件（1）和条件（2）能否充分支持题干所陈述的结论。A、B、C、D、E 五个选项为判断结果，请选择一项符合试题要求的判断。

（A）条件（1）充分，但条件（2）不充分.

（B）条件（2）充分，但条件（1）不充分.

（C）条件（1）和条件（2）单独都不充分，但条件（1）和条件（2）联合起来充分.

（D）条件（1）充分，条件（2）也充分.

（E）条件（1）和条件（2）单独都不充分，条件（1）和条件（2）联合起来也不充分.

16. 已知 p,q 为非零实数，则能确定 $\dfrac{p}{q(p-1)}$ 的值.

（1）$p+q=1$.

（2）$\dfrac{1}{p}+\dfrac{1}{q}=1$.

17. 信封中装有10张奖券，只有1张有奖.从信封中同时抽取2张奖券，中奖的概率记为 P；从信封中每次抽取 1 张奖券后放回，如此重复抽取 n 次，中奖的概率为 Q，则 $P<Q$.

（1）$n=2$.

（2）$n=3$.

18. 圆盘 $x^2+y^2\leqslant 2(x+y)$ 被直线 L 分成面积相等的两部分.

（1）L： $x+y=2$.

（2）L： $2x-y=1$.

19. 已知 a,b 为实数, 则 $a\geqslant 2$ 或 $b\geqslant 2$.

（1）$a+b\geqslant 4$.

（2）$ab\geqslant 4$.

20. 已知 $M=(a_1+a_2+\cdots+a_{n-1})(a_2+a_3+\cdots+a_n)$, $N=(a_1+a_2+\cdots+a_n)(a_2+a_3\cdots+a_{n-1})$, 则 $M>N$.

（1）$a_1>0$.

（2）$a_1a_n>0$.

21. 已知 $\{a_n\}$ 是公差大于零的等差数列, S_n 是 $\{a_n\}$ 的前 n 项和, 则 $S_n\geqslant S_{10}$, $n=1,2,\cdots$

（1）$a_{10}=0$.

（2）$a_{11}a_{10}<0$.

22. 设 $\{a_n\}$ 是等差数列, 则能确定数列 $\{a_n\}$.

（1）$a_1+a_6=0$.

（2）$a_1a_6=-1$.

23. 底面半径为 r, 高为 h 的圆柱体表面积记为 S_1, 半径为 R 的球体表面积记为 S_2, 则 $S_1\leqslant S_2$.

（1）$R\geqslant\dfrac{r+h}{2}$.

（2）$R \leqslant \dfrac{2h+r}{3}$.

24. 已知 x_1，x_2，x_3 为实数, $\overline{x}$ 为 x_1，x_2，x_3 的平均值, 则 $|x_k-\overline{x}| \leqslant 1$，$k=1,2,3$.

（1）$|x_k| \leqslant 1, k=1,2,3$.

（2）$x_1=0$.

25. 几个朋友外出游玩, 购买了一些瓶装水, 则能确定购买的瓶装水数量.
（1）若每人分 3 瓶, 则剩余 30 瓶.
（2）若每人分 10 瓶, 则只有 1 人不够.

三、逻辑推理：第 26～55 小题，每小题 2 分，共 60 分。下列每题给出的 A、B、C、D、E 五个选项中，只有一项是符合试题要求的。

26. 晴朗的夜晚我们可以看到满天星斗，其中有些是自身发光的恒星，有些是自身不发光，但可以反射附近恒星光的行星。恒星尽管遥远，但是有些可以被现有的光学望远镜“看到”。和恒星不同，由于行星本身不发光，而且体积还远小于恒星，所以，太阳系外的行星大多无法用现有的光学望远镜“看到”。
以下哪项如果为真，最能解释上述现象？
A. 如果行星的体积够大，现有的光学望远镜就能够“看到”。
B. 太阳系外的行星因距离遥远，很少能将恒星光反射到地球上。
C. 现有的光学望远镜只能“看到”自身发光或者反射光的天体。
D. 有些恒星没有被现有光学望远镜“看到”。
E. 太阳系内的行星大多可用现有光学望远镜“看到”。

27. 长期以来，手机产生的电磁辐射是否威胁人体健康一直是极具争议的话题。一项长达 10 年的研究显示，每天使用移动电话通话 30 分钟以上的人患神经胶质癌的风险比从未使用者要高出 40%。由此某专家建议，在取得进一步证据之前，人们应该采取更加安全的措施，如尽量使用固定电话通话或使用短信进行沟通。
以下哪项如果是真，最能表明该专家的建议不切实际？
A. 大多数手机产生电磁辐射强度符合国家规定的安全标准。
B. 现有在人类生活空间中的电磁辐射强度已经超过手机通话产生的电磁辐射强度。
C. 经过较长一段时间，人们的身体能够逐渐适应强电磁辐射的环境。
D. 在上述实验期间，有些人每天使用移动电话通话超过 40 分钟，但他们很健康。
E. 即使以手机短信进行沟通，发送和接收信息的瞬间也会产生较强的电磁辐射。

28. 甲、乙、丙、丁、戊和己6人围坐在一张正六边形的小桌前，每边各坐一人。已知：

（1）甲与乙正面相对；

（2）丙与丁不相邻，也不正面相对。

如果乙与己不相邻，则以下哪一项为真？

A．戊与乙相邻。

B．甲与丁相邻。

C．己与乙正面相对。

D．如果甲与戊相邻，则丁与己正面相对。

E．如果丙与戊不相邻，则丙与己相邻。

29. 人类经历了上百万年的自然进化，产生了直觉、多层次抽象等独特智能。尽管现代计算机已具备一定的学习能力，但这种能力还需要人类的指导，完全的自我学习能力还有待进一步发展。因此，计算机要达到甚至超过人类的智能水平是不可能的。

以下哪项最可能是上述论证的预设？

A．计算机可以形成自然进化能力。

B．计算机很难真正懂得人类语言，更不可能理解人类的感情。

C．理解人类复杂的社会关系需要自我学习能力。

D．计算机如果具备完全的自我学习能力，就能形成直觉、多层次抽象等智能。

E．直觉、多层次抽象等这些人类的独特智能无法通过学习获得。

30. 为进一步加强对不遵守交通信号等违法行为的执法管理，规范执法程序，确保执法公正，某市交警支队要求：凡属交通信号指示不一致、有证据证明救助危难等情形，一律不得录入道路交通违法信息系统；对已录入信息系统的交通违法记录，必须完善异议受理、核查、处理等工作规范，最大限度减少执法争议。

根据上述交警支队要求，可以得出以下哪项？

A．有些因救助危难而违法的情形，如果仅有当事人说辞但缺乏当时现场的录音录像证明，就应录入道路交通违法信息系统。

B．因信号灯相位设置和配时不合理等造成交通信号不一致而引发的交通违法情形，可以不录入道路交通违法信息系统。

C．如果汽车使用了行车记录仪，就可以提供现场实时证据，大大减少被录入道路交通违法信息系统的可能性。

D．只要对已录入系统的交通违法记录进行异议受理、核查和处理就能最大限度减少执法争议。

E．对已录入系统的交通违法记录，只有倾听群众异议，加强群众监督才能最大限度减少执法争议。

31～32题基于以下题干：

某次讨论会共有18名参与者。已知：

（1）至少有5名青年教师是女性；

（2）至少有 6 名女教师年过中年；

（3）至少有 7 名女青年是教师。

31. 根据上述信息，关于参与人员可以得出以下哪项？

A. 有些女青年不是教师。

B. 有些青年教师不是女性。

C. 青年教师至少 11 名。

D. 女教师至少 13 名。

E. 女青年至多 11 名。

32. 如果上述三句话有两真一假，那么关于参与人员可以得出以下哪项？

A. 女青年都是教师。

B. 青年教师都是女性。

C. 青年教师至少有 5 名。

D. 男教师至多 10 名。

E. 女青年至少有 7 名。

33. 当企业处于蓬勃上升时期，往往紧张而忙碌，没有时间和精力去设计和修建“琼楼玉宇”；当企业所有的重要工作都已经完成，其时间和精力就开始集中在修建办公大楼上。所以一个企业的办公大楼设计得越完美，装饰越豪华，则该企业离解体时间就越近；当某个企业大楼设计和建造趋于完美之际，它的存在就逐渐失去意义，这就是所谓的“办公大楼法则”。

以下哪项为真，最能质疑上述观点？

A. 一个企业如果将时间和精力都耗在修建办公大楼上，则对其他重要工作就投入不足了。

B. 某企业办公大楼修建得美轮美奂，入住后该企业的事业蒸蒸日上。

C. 建造豪华的办公大楼，往往会增加企业的运营成本，损害其利益。

D. 企业的办公大楼越破旧，该企业就越有活力和生机。

E. 建造豪华办公大楼并不需要投入太多时间和精力。

34. 张云、李华、王涛都收到了明年 2 月初赴北京开会的通知，他们可以选择乘坐飞机、高铁与大巴等交通工具到北京。他们对这次进京方式有如下考虑。

（1）张云不喜欢坐飞机，如果有李华同行，他就选择乘坐大巴。

（2）李华不计较方式，如果高铁票价比飞机更便宜，他就选择高铁。

（3）王涛不在乎价格，除非预报二月初北京有雨雪天气，否则他就选择乘坐飞机。

（4）李华和王涛家相隔很近，如果航班时间合适，他们将同行乘坐飞机。

如果上述 3 人的考虑都得到满足，则可以得出以下哪项？

A. 如果李华没有选择乘坐高铁和飞机，则他肯定选择和张云一起乘坐大巴进京。

B. 如果王涛和李华乘坐飞机进京，则二月初北京没有雨雪天气。

C. 如果张云和王涛乘坐高铁，则二月初北京有雨雪天气。

D. 如果三人都乘坐飞机，则飞机票价要比高铁便宜。

E. 如果三人都乘坐大巴进京，则预报二月初北京有雨雪天气。

35. 某市推出一项月度社会公益活动，市民报名踊跃。由于活动规模有限，主办方决定通过摇号抽签方式选择参与者。第一个月中签率为1:20，随后连创新低，到下半年的十月份已达1:70。大多数市民屡摇不中，但从今年7月到10月，“李祥”这个名字连续四个月中签。不少市民据此认为有人作弊，并对主办方提出质疑。

以下哪项如果为真，最能消除市民质疑？

A. 已经中签的申请者中，叫“张磊”的有7人。

B. 曾有一段时间，家长给孩子取名不回避重名。

C. 在报名市民中，名叫“李祥”的近300人。

D. 摇号抽签全过程是在有关部门监督下进行的。

E. 在摇号系统中，每一位申请人都被随机赋予了一个不重复的编码。

36. 美国扁桃仁于上世纪70年代出口到我国，当时被误译为“美国大杏仁”。这种误译导致大多数消费者根本不知道扁桃仁、杏仁是两种完全不同的产品。对此，我国林果专家一再努力澄清，但学界的声音很难传达到相关企业和民众中，因此，必须制定林果的统一标准，这样才能还相关产品以本来面目。

以下哪项是上述论证的假设？

A. 美国扁桃仁和中国大杏仁的外形很相似。

B. 我国相关工业和大众并不认可我国林果专家意见。

C. 进口商品名称的误译会扰乱我国企业正常对外贸易活动。

D. 长期以来，我国没有林果的统一标准。

E.“美国大杏仁”在中国市场上销量超过中国杏仁。

37. 10月6日晚上，张强要么去电影院看了电影，要么拜访了他的朋友秦玲。如果那天晚上张强开车回家，他就没去电影院看电影。只有张强事先与秦玲约定，张强才能去拜访她。事实上，张强不可能事先与秦玲约定。

根据以上陈述，可以得出以下哪项？

A. 那天晚上张强与秦玲一道去电影院看电影。

B. 那天晚上张强拜访了他的朋友秦玲。

C. 那天晚上张强没有开车回家。

D. 那天晚上张强没有去电影院看电影。

E. 那天晚上张强开车去电影院看电影。

38～39 题基于以下题干：

天南大学准备选派两名研究生、三名本科生到山村小学支教。经过个人报名和民主决议，最终人选将在研究生赵婷、唐玲和殷倩等3人和本科生周艳、李环、文琴、徐昂、朱敏等5人中产生。按规定，同一学院或者同一社团至多选派一人。已知：

（1）唐玲和朱敏均来自数学学院；
（2）周艳和徐昂均来自文学院；
（3）李环和朱敏均来自辩论协会。

38. 根据上述条件，以下必定入选的是：
A. 文琴。　B. 唐玲。　C. 殷倩。　D. 周艳。　E. 赵婷。

39. 如果唐玲入选，下面必定入选的是：
A. 赵婷。　B. 殷倩。　C. 周艳。　D. 李环。　E. 徐昂。

40. 有些阔叶树是常绿植物，因此阔叶树都不生长在寒带地区。
以下哪项如果为真，最能反驳上述结论？
A. 有些阔叶树不生长在寒带地区。
B. 常绿植物都生长在寒带地区。
C. 寒带某些地区不生长常绿植物。
D. 常绿植物都不生长在寒带地区。
E. 常绿植物不都是阔叶树。

41～42 题基于以下题干：
某大学运动会即将召开，经管学院拟组建一支 12 人的代表队参赛，参赛队员将从该院 4 个年级学生中选拔，每个年级须在长跑、短跑、跳高、跳远、铅球等 5 个项目中选 1~2 项参加比赛，其余项目可任意选择。一个年级如果选择长跑，就不能选短跑或跳高；一个年级如果选跳远，就不能选长跑或铅球，每名队员只能参加一项比赛，已知该院：
（1）每个年级均有队员被选拔进入代表队；
（2）每个年级被选拔进入代表队的人数各不相同；
（3）有两个年级的队员人数相乘等于另一个年级的队员人数。

41. 根据以上信息一个年级最多可选拔多少人参赛？
A. 8 人。　B. 7 人。　C. 6 人。　D. 5 人。　E. 4 人。

42. 如果某年级队员人数不是最少的，且选择长跑，那么对该年级来说，以下哪项不可能？
A. 选择铅球或跳远。
B. 选择短跑或铅球。
C. 选择短跑或跳远。
D. 选择长跑或跳高。
E. 选择铅球或跳高。

43. 为防御电脑受病毒侵袭，研究人员开发了防御病毒、查杀病毒的程序，前者启动后能使程序运行免受病毒侵袭，后者启动后能迅速查杀电脑中可能存在的病毒。某台电脑上现装有甲、乙、丙三种程序。已知：

（1）甲程序能查杀目前已知所有病毒；

（2）若乙程序不能防御已知的一号病毒，则丙程序也不能查杀该病毒；

（3）只有丙程序能防御已知的一号病毒，电脑才能查杀目前已知的所有病毒；

（4）只有启动甲程序，才能启动丙程序。

根据上述信息可以得出以下哪项？

A．只有启动丙程序，才能防御并查杀一号病毒。

B．只有启动乙程序，才能防御并查杀一号病毒。

C．如果启动丙程序，就能防御并查杀一号病毒。

D．如果启动了乙程序，那么不必启动丙程序也能查杀一号病毒。

E．如果启动了甲程序，那么不必启动乙程序也能查杀所有病毒。

44. 研究人员将角膜感觉神经断裂的兔子分为两组：实验组和对照组。他们给实验组兔子注射了一种从土壤霉菌中提取的化合物。3 周后检查发现，实验组兔子的角膜感觉神经已经复合，而对照组兔子未注射这种化合物，其角膜感觉神经都没有复合。研究人员由此得出结论：该化合物可以使兔子断裂的角膜感觉神经复合。

以下哪项与上述研究人员得出的结论的方式最为类似？

A．一个整数或者是偶数，或者是奇数。0 不是奇数，所以 0 是偶数。

B．绿色植物在光照充足的环境下能茁壮成长，而在光照不足的环境下只能缓慢生长，所以，光照有助于绿色植物生长。

C．年逾花甲的老王戴上老花镜可以读书看报，不戴则视力模糊，所以年龄大的人都要戴老花镜。

D．科学家在北极冰川地区的黄雪中发现了细菌，而该地区的寒冷气候与木卫的冰冷环境有着惊人的相似，所以木卫可能存在生命。

E．昆虫都有三对足，蜘蛛并非三对足，所以蜘蛛不是昆虫。

45. 张教授指出，明清时期科举考试分为四级，即院试、乡试、会试、殿试。院试在县府举行，考中者称“生员”；乡试每三年在各省省城举行一次，生员才有资格参加，考中者为“举人”，举人第一名称为“解元”；会试于乡试后第二年在京城礼部举行，举人才有资格参加，考中者称为“贡士”，贡士第一名称“会元”；殿试在会试当年举行，由皇帝主持，贡士才有资格参加，录取分为三甲，一甲三名，二甲三甲各若干名，统称为“进士”，一甲第一名称“状元”。

根据张教授的陈述，以下哪项是不可能的？

A．中举者不曾中进士。

B．中状元者曾为生员和举人。

C．中会元者不曾中举。

D．可有连中三元者（解元、会元、状元）。

E．未中解元者，不曾中会元。

46. 有人认为，任何一个机构都包括不同的职位等级或层级，每个人都隶属于其中一个层次。如果某人在原来级别岗位上干得出色，就会被提拔，而被提拔者得到重用后却碌碌无为，这会造成机构效率低下，人浮于事。

以下哪项为真，最能质疑上述观点？

A. 个人晋升常常会在一定程度上影响所在机构的发展。

B. 不同岗位的工作方式不同，对新的岗位要有一个适应过程。

C. 王副教授教学科研都很强，而晋升正教授后却表现平平。

D. 李明的体育运动成绩并不理想，但他进入管理层后却干得得心应手。

E. 部门经理王先生业绩出众，被提拔为公司总经理后工作依然出色。

47. 如果把一杯酒倒入一桶污水中，你得到的是一桶污水；如果把一杯污水倒入一桶酒中，你得到的依然是一桶污水。在任何组织中，都可能存在几个难缠人物。他们存在的目的似乎就是把事情搞糟。如果一个组织不加强内部管理，一个正直能干的人进入某低效的部门就会被吞没。而一个无德无才者就能将一个高效的部门变成一盘散沙。

根据上述信息，可以得出以下哪项？

A. 如果不将一杯污水倒进一桶酒中，你就不会得到一桶污水。

B. 如果一个正直能干的人进入组织，就会使组织变得更为高效。

C. 如果组织中存在几个难缠人物，很快就会把组织变成一盘散沙。

D. 如果一个正直能干的人在低效部门没有被吞没，则该部门加强了内部管理。

E. 如果一个无德无才的人把组织变成一盘散沙，则该组织没有加强内部管理。

48. 自闭症会影响社会交往、语言交流和兴趣爱好等方面的行为。研究人员发现，实验鼠体内神经连接蛋白的蛋白质如果合成过多，会导致自闭症。由此他们认为，自闭症与神经连接蛋白质合成量具有重要关联。

以下哪项如果为真，最能支持上述观点？

A. 生活在群体之中的实验鼠较之独处的实验鼠患自闭症的比例要小。

B. 雄性实验鼠患自闭症的比例是雌性实验鼠的5倍。

C. 抑制神经连接蛋白的蛋白质合成可缓解实验鼠的自闭症状。

D. 如果将实验鼠控制蛋白合成的关键基因去除，其体内的神经连接蛋白就会增加。

E. 神经连接蛋白正常的老年实验鼠患自闭症的比例很低。

49. 张教授指出，生物燃料是指利用生物资源生产的燃料乙醇或生物柴油，它们可以替代由石油制取的汽油和柴油，是可再生能源开发利用的重要方向。受世界石油资源短缺、环保和全球气候变化的影响，20世纪70年代以来，许多国家日益重视生物燃料的发展，并取得显著成效。所以，应该大力开发和利用生物燃料。

以下哪项最可能是张教授论证的预设？

A. 发展生物燃料可有效降低人类对石油等化石燃料的消耗。

B. 发展生物燃料会减少粮食供应，而当今世界有数以百万计的人食不果腹。

C. 生物柴油和燃料乙醇是现代社会能源供给体系的适当补充。

D．生物燃料在生产与运输的过程中需要消耗大量的水、电和石油等。
E．目前我国生物燃料的开发和利用已经取得很大成绩。

50. 有关数据显示，2011 年全球新增 870 万结核病患者，同时有 140 万患者死亡。因为结核病对抗生素有耐药性，所以对结核病的治疗一直都进展缓慢。如果不能在近几年消除结核病，那么还会有数百万人死于结核病。如果要控制这种流行病，就要有安全、廉价的疫苗。目前有 12 种新疫苗正在测试之中。
根据以上信息，可以得出以下哪项？
A．2011 年结核病患者死亡率已达 16.1%。
B．有了安全、廉价的疫苗，我们就能控制结核病。
C．如果解决了抗生素的耐药性问题，结核病治疗将会获得突破性进展。
D．只有在近几年消除结核病，才能避免数百万人死于这种疾病。
E．新疫苗一旦应用于临床，将有效控制结核病的传播。

51. 一个人如果没有崇高的信仰，就不可能守住道德的底线；而一个人只有不断加强理论学习，才能始终保持崇高的信仰。
根据以上信息，可以得出以下哪项？
A．一个人只有不断加强理论学习，才能守住道德的底线。
B．一个人如果不能守住道德的底线，就不可能保持崇高的信仰。
C．一个人只要有崇高的信仰，就能守住道德的底线。
D．一个人只要不断加强理论学习，就能守住道德底线。
E．一个人没能守住道德的底线，是因为他首先丧失了崇高的信仰。

52. 研究人员安排了一次实验，将 100 名受试者分为两组：喝一小杯红酒的实验组和不喝酒的对照组。随后，让两组受试者计算某段视频中篮球队员相互传球的次数。结果发现，对照组的受试者都计算准确，而实验组中只有 18% 的人计算准确。经测试实验组受试者的血液中酒精浓度只有酒驾法定值的一半。由此专家指出，这项研究结果或许应该让立法者重新界定酒驾法定值。
以下哪项如果为真，最能支持上述专家的观点？
A．酒驾法定值设置过低，可能会把许多未饮酒者界定为酒驾。
B．即使血液中酒精浓度只有酒驾法定值的一半，也会影响视力和反应速度。
C．只要血液中酒精浓度不超过酒驾法定值，就可以驾车上路。
D．即使酒驾法定值设置较高，也不会将少量饮酒的驾车者排除在酒驾范围之外。
E．饮酒过量不仅损害身体健康，而且影响驾车安全。

53. 某研究人员在 2004 年对一些 12～16 岁的学生进行了智商测试，测试得分为 77～135 分。4 年之后再次测试，这些学生的智商得分为 87～143 分。仪器扫描显示，那些得分提高了的学生，其脑部比此前呈现更多的灰质（灰质是一种神经组织，是中枢神经的重要组成部分）。这一测试表明，个体的智商变化确实存在，那些早期在学校表现不突出的学生仍有可能成为佼佼者。

以下除哪项外，都能支持上述实验结论？

A. 有些天才少年长大后智力并不出众。

B. 言语智商的提高伴随着大脑左半球运动皮层灰质的增多。

C. 学生的非言语智力表现与他们的大脑结构的变化明显相关。

D. 部分学生早期在学校表现不突出与其智商有关。

E. 随着年龄的增长，青少年脑部区域的灰质通常也会增加。

54～55 题基于以下题干：

某高校数学、物理、化学、管理、文秘、法学 6 个专业毕业生需要就业，现有风云、怡和、宏宇三家公司前来学校招聘。已知，每家公司只招聘该校上述 2 至 3 个专业的若干毕业生，且需要满足以下条件：

（1）招聘化学专业的公司也招聘数学专业；

（2）怡和公司招聘的专业，风云公司也招聘；

（3）只有一家公司招聘文秘专业，且该公司没有招聘物理专业；

（4）如果怡和公司招聘管理专业，那么也招聘文秘专业；

（5）如果宏宇公司没有招聘文秘专业，那么怡和公司招聘文秘专业。

54. 如果只有一家公司招聘物理专业，那么可以得出以下哪项？

A. 风云公司招聘化学专业。

B. 怡和公司招聘管理专业。

C. 宏宇公司招聘数学专业。

D. 风云公司招聘物理专业。

E. 怡和公司招聘物理专业。

55. 如果三家公司都招聘了三个专业的若干毕业生，那么可以得出以下哪项？

A. 风云公司招聘化学专业。

B. 怡和公司招聘法学专业。

C. 宏宇公司招聘化学专业。

D. 风云公司招聘数学专业。

E. 怡和公司招聘物理专业。

四、写作：第 56～57 小题，共 65 分。其中论证有效性分析 30 分，论说文 35 分。

56. 论证有效性分析：分析下述论证中存在的缺陷和漏洞，选择若干要点，写一篇 600 字左右的文章，对该论证的有效性进行分析和评论。（论证有效性分析的一般要点是：概念特别是核心概念的界定和使用是否准确并前后一致，有无各种明显的逻辑错误，论证的论据是否成立并支持结论，结论成立的条件是否充分，等等。）

有一段时间，我国部分行业出现了生产过剩现象。一些经济学家对此忧心忡忡，建议政府采取措施加以应对，以免造成资源浪费，影响国民经济正常运行。这种建议看似有理，其实未必正确。

首先，我国部分行业出现的生产过剩并不是真正的生产过剩。道理很简单，在市场经济条件下，生产过剩实际上只是一种假象。只要生产企业开拓市场，刺激需求，就能扩大销售，生产过剩马上就会化解。退一步说，即使出现了真正的生产过剩，市场本身也会进行自动调节。

其次，经济运行是一个动态变化的过程，产品的供求不可能达到绝对的平衡状态，因而生产过剩是市场经济的常见现象。既然如此，那么生产过剩也就是经济运行的客观规律。因此，如果让政府采取措施进行干预，那就违背了经济运行的客观规律。

再说，生产过剩总比生产不足好。如果政府的干预使生产过剩变成了生产不足，问题就会更大。因为生产过剩未必会造成浪费，反而可以因此增加物资储备以应对不时之需。如果生产不足，就势必造成供不应求的现象，让人们重新去过缺衣少食的日子，那就会影响社会的和谐稳定。

总之，我们应该合理定位政府在经济运行中的作用。政府要有所为，有所不为。政府应该管好民生问题。至于生产过剩或生产不足，应该让市场自动调节，政府不必干预。

57. 论说文：根据下述材料，写一篇700字左右的论说文，题目自拟。

孟子曾经引用阳虎的话：“为富，不仁矣；为仁，不富矣。”（《孟子·滕文公上》）。这段话表明了古人对当时社会上为富、为仁现象的一种态度，以及对两者之间关系的一种思考。

2015年综合真题答案

一、问题求解

1. E	2. D	3. C	4. A	5. D
6. B	7. C	8. C	9. E	10. B
11. A	12. A	13. E	14. A	15. D

二、条件充分性判断

16. B	17. B	18. D	19. A	20. B
21. D	22. E	23. C	24. C	25. C

三、逻辑推理

26. B	27. B	28. E	29. E	30. B
31. D	32. C	33. B	34. E	35. C
36. D	37. C	38. A	39. D	40. B
41. C	42. C	43. C	44. B	45. C
46. E	47. D	48. C	49. A	50. D
51. A	52. B	53. E	54. D	55. D

四、写作

见解析。

详细解析和精讲

扫码查看2015年
综合真题解析

扫码观看综合真题
同步直播课程

绝密★启用前
综合试卷

2014年全国硕士研究生入学统一考试

综合能力

（科目代码：199）

研考 综合 试卷条形码

○考生注意事项○

1. 答题前，考生须在试题册指定位置上填写考生编号和考生姓名；在答题卡指定位置上填写报考单位、考生姓名和考生编号，并涂写考生编号信息点。

2. 考生须把试题册上的“试卷条形码”粘贴条取下，粘贴在答题卡的试卷条形码粘贴位置框中。不按规定粘贴条形码而影响评卷结果的，责任由考生自负。

3. 选择题的答案必须涂写在答题卡相应题号的选项上，非选择题的答案必须书写在答题卡指定位置的边框区域内。超出答题区域书写的答案无效；在草稿纸、试题册上答题无效。

4. 填（书）写部分必须使用黑色签字笔书写，字迹工整、笔迹清楚；涂写部分必须使用2B铅笔填涂。

5. 考试结束，将答题卡按规定交回。

（以下信息考生必须认真填写）

考生编号														
考生姓名														

一、问题求解：第 1～15 小题，每小题 3 分，共 45 分。下列每题给出的 A、B、C、D、E 五个选项中，只有一项是符合试题要求的。

1. 某部门在一次联欢活动中共设了26个奖，奖品均价为280元，其中一等奖单价为400元，其他奖品均价为270元，一等奖的个数为（　）.

A. 6　　B. 5　　C. 4　　D. 3　　E. 2

2. 某单位进行办公室装修，若甲、乙两个装修公司合做，需10周完成，工时费为100万元；甲公司单独做6周后由乙公司接着做18周后完成，工时费为96万元. 甲公司每周的工时费为（　）.

A. 7.5万元　　B. 7万元　　C. 6.5万元　　D. 6万元　　E. 5.5万

3. 如图所示，已知 $AE=3AB$，$BF=2BC$，若 ΔABC 的面积是2，则 ΔAEF 的面积为（　）.

A. 14　　B. 12　　C. 10　　D. 8　　E. 6

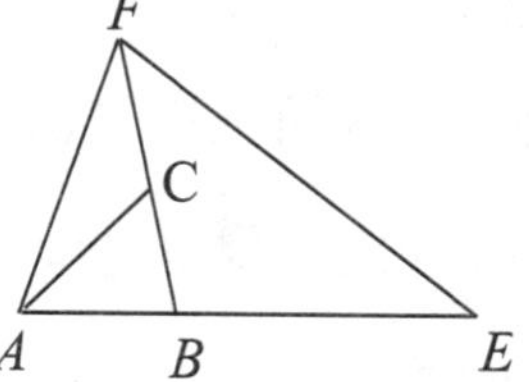

4. 某公司投资一个项目，已知上半年完成了预算的 $\frac{1}{3}$，下半年完成了剩余部分的 $\frac{2}{3}$，此时还有8 000万元投资未完成，则该项目的预算为（　）.

A. 3亿元　　B. 3.6亿元　　C. 3.9亿元　　D. 4.5亿元　　E. 5.1亿元

5. 如图所示，圆 A 与圆 B 的半径均为1，则阴影部分的面积为（　）.

A. $\frac{2\pi}{3}$　　B. $\frac{\sqrt{3}}{2}$　　C. $\frac{\pi}{3}-\frac{\sqrt{3}}{4}$　　D. $\frac{2\pi}{3}-\frac{\sqrt{3}}{4}$　　E. $\frac{2\pi}{3}-\frac{\sqrt{3}}{2}$

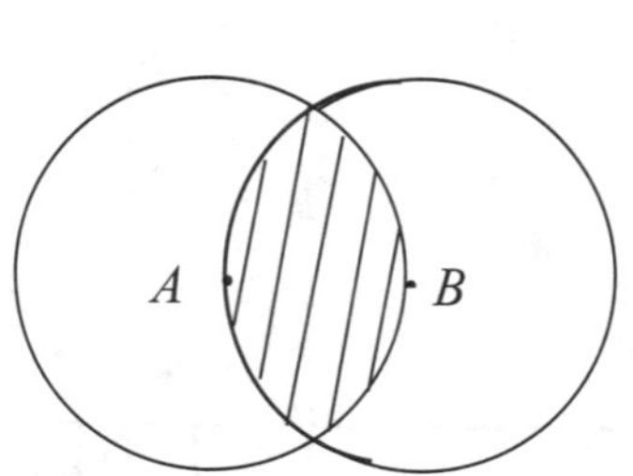

6. 某容器中装满了浓度为90%的酒精，倒出1升后用水将容器注满，搅拌均匀后又倒出1升，再用水将容器注满. 已知此时的酒精浓度为40%，则该容器的容积为（　）.

A. 2.5升　　B. 3升　　C. 3.5升　　D. 4升　　E. 4.5升

7. 已知$\{a_n\}$为等差数列, 且$a_2-a_5+a_8=9$, 则$a_1+a_2+\cdots+a_9=$（　　）.

A. 27　　B. 45　　C. 54　　D. 81　　E. 162

8. 甲、乙两人上午8:00分别自A, B出发相向而行, 9:00第一次相遇, 之后速度均提高了1.5千米/小时, 甲到B, 乙到A后都立刻沿原路返回, 若两人在10:30第二次相遇, 则A, B两地的距离为（　　）.

A. 5.6千米　　B. 7千米　　C. 8千米
D. 9千米　　E. 9.5千米

9. 掷一枚均匀的硬币若干次, 当正面向上次数大于反面向上次数时停止, 则在4次之内停止的概率为（　　）.

A. $\frac{1}{8}$　　B. $\frac{3}{8}$　　C. $\frac{5}{8}$　　D. $\frac{3}{16}$　　E. $\frac{5}{16}$

10. 若几个质数（素数）的乘积为770, 则它们的和为（　　）.

A. 85　　B. 84　　C. 28　　D. 26　　E. 25

11. 已知直线l是圆$x^2+y^2=5$在点$(1,2)$处的切线, 则l在y轴上的截距为（　　）.

A. $\frac{2}{5}$　　B. $\frac{2}{3}$　　C. $\frac{3}{2}$　　D. $\frac{5}{2}$　　E. 5

12. 如图所示, 正方体$ABCD-A'B'C'D'$的棱长为2, F是棱$C'D'$的中点, 则AF的长为（　　）.

A. 3　　B. 5
C. $\sqrt{5}$　　D. $2\sqrt{2}$
E. $2\sqrt{3}$

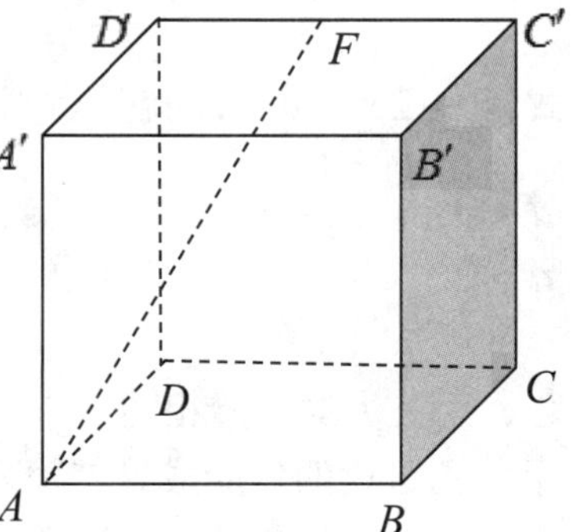

13. 在某项活动中, 将3男3女6名志愿者随机地分成甲、乙、丙三组, 每组2人, 则每组志愿者都是异性的概率为（　　）.

A. $\frac{1}{90}$　　B. $\frac{1}{15}$　　C. $\frac{1}{10}$　　D. $\frac{1}{5}$　　E. $\frac{2}{5}$

14. 某工厂在半径为5厘米的球形工艺品上镀一层装饰金属, 厚度为0.01厘米. 已知装饰金属的原材料是棱长为20厘米的正方体锭子, 则加工10 000个该工艺品需要的锭子数量最少为(不考虑加工损耗, $\pi \approx 3.14$)(　　).

A. 2　　B. 3　　C. 4　　D. 5　　E. 20

15. 某单位决定对4个部门的经理进行轮岗, 要求每位经理必须轮换到4个部门中的其他部门任职, 则不同的轮岗方案有(　　).

A. 3种　　B. 6种　　C. 8种　　D. 9种　　E. 10种

二、条件充分性判断: 第16～25小题, 每小题3分, 共30分。要求判断每题给出的条件(1)和条件(2)能否充分支持题干所陈述的结论。A、B、C、D、E五个选项为判断结果, 请选择一项符合试题要求的判断。

(A) 条件(1)充分, 但条件(2)不充分.

(B) 条件(2)充分, 但条件(1)不充分.

(C) 条件(1)和条件(2)单独都不充分, 但条件(1)和条件(2)联合起来充分.

(D) 条件(1)充分, 条件(2)也充分.

(E) 条件(1)和条件(2)单独都不充分, 条件(1)和条件(2)联合起来也不充分.

16. 已知曲线$l: y=a+bx-6x^2+x^3$, 则$(a+b-5)(a-b-5)=0$.

(1) 曲线l过点$(1,0)$.

(2) 曲线l过点$(-1,0)$.

17. 不等式$\left|x^2+2x+a\right| \leqslant 1$的解集为空集.

(1) $a<0$.

(2) $a>2$.

18. 甲、乙、丙三人的年龄相同.

(1) 甲、乙、丙的年龄成等差数列.

(2) 甲、乙、丙的年龄成等比数列.

19. 设x是非零实数, 则$x^3+\frac{1}{x^3}=18$.

（1）$x+\frac{1}{x}=3$.

（2）$x^2+\frac{1}{x^2}=7$.

20. 如图所示，O是半圆的圆心，C是半圆上一点，$OD\perp AC$，则能确定OD的长.

（1）已知BC的长.

（2）已知AO的长.

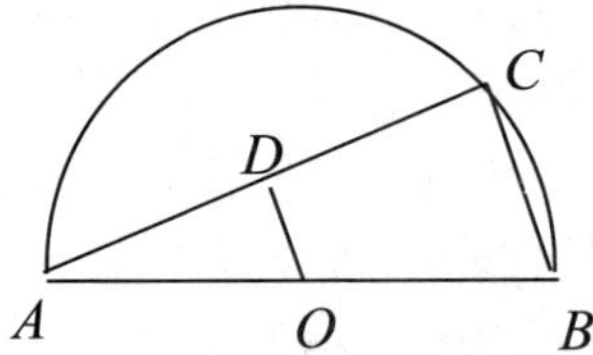

21. 方程$x^2+2(a+b)x+c^2=0$有实根.

（1）a,b,c是一个三角形的三边长.

（2）实数a,c,b成等差数列.

22. 已知二次函数$f(x)=ax^2+bx+c$，则能确定a,b,c的值.

（1）曲线$y=f(x)$经过点$(0,0)$和点$(1,1)$.

（2）曲线$y=f(x)$与直线$y=a+b$相切.

23. 已知袋中装有红、黑、白三种颜色的球若干个，则红球最多.

（1）随机取出的一球是白球的概率为$\frac{2}{5}$.

（2）随机取出的两球中至少有一个黑球的概率小于$\frac{1}{5}$.

24. 已知$M=\{a,b,c,d,e\}$是一个整数集合，则能确定集合M.

（1）a,b,c,d,e的平均值为10.

（2）a,b,c,d,e的方差为2.

25. 已知x，y为实数，则$x^2+y^2\geqslant 1$.

（1）$4y-3x\geqslant 5$.

（2）$(x-1)^2+(y-1)^2\geqslant 5$.

三、逻辑推理：第 26～55 小题，每小题 2 分，共 60 分。下列每题给出的 A、B、C、D、E 五个选项中，只有一项是符合试题要求的。

26. 随着光纤网络带来的网速大幅度提高，高速下载电影、在线看大片等都不再是困扰我们的问题。即使在社会生产力发展水平较低的国家，人们也可以通过网络随时随地获得最快的信息、最贴心的服务和最佳体验。有专家据此认为：光纤网络将大幅提高人们的生活质量。

以下哪项如果为真，最能质疑该专家的观点？

A．随着高速网络的普及，相关上网费用也随之增加。

B．即使没有光纤网络，同样可以创造高品质的生活。

C．快捷的网络服务可能使人们将大量时间消耗在娱乐上。

D．人们生活质量的提高仅决定于社会生产力的发展水平。

E．网络上所获得的贴心服务和美妙体验有时是虚幻的。

27. 李栋善于辩论，也喜欢诡辩。有一次他论证道："郑强知道数字 87654321，陈梅家的电话号码正好是 87654321，所以郑强知道陈梅家的电话号码。"

以下哪项与李栋论证中所犯的错误最为类似？

A．所有蚂蚁是动物，所以所有大蚂蚁是大动物。

B．中国人是勤劳勇敢的，李岚是中国人，所以李岚是勤劳勇敢的。

C．张冉知道如果 1:0 的比分保持到终场，他们的队伍就出线，现在张冉听到了比赛结束的哨声，所以张冉知道他们的队伍出线了。

D．黄兵相信晨星在早晨出现，而晨星其实就是暮星，所以黄兵相信暮星在早晨出现。

E．金砖是由原子构成的，原子不是肉眼可以见的，所以金砖不是肉眼可见的。

28. 陈先生在鼓励他孩子时说道:"不要害怕暂时的困难与挫折，不经历风雨怎么见彩虹？"他的孩子不服气地说："您说的不对。我经历了那么多风雨，怎么就没见到彩虹呢？"

陈先生孩子的回答最适宜用来反驳以下哪项？

A．只要经历了风雨，就可以见到彩虹。

B．如果想见到彩虹，就必须经历风雨。

C．只有经历风雨，才能见到彩虹。

D．即使经历了风雨，也可能见不到彩虹。

E．即使见到了彩虹，也不是因为经历了风雨。

29. 在某次考试中，有 3 个关于北京旅游景点的问题，要求考生每题选择某个景点的名称作为唯一答案，其中 6 位考生关于上述 3 个问题的答案依次如下：

第一位考生：天坛、天坛、天安门。

第二位考生：天安门、天安门、天坛。

第三位考生：故宫、故宫、天坛。

第四位考生：天坛、天安门、故宫。

第五位考生：天安门、故宫、天安门。

第六位考生：故宫、天安门、故宫。

考试结果表明，每位考生都至少答对其中1道题。

根据以上陈述，可知这3个问题的正确答案依次是：

A．天安门、故宫、天坛。

B．故宫、天安门、天安门。

C．天坛、故宫、天坛。

D．天坛、天坛、故宫。

E．故宫、故宫、天坛。

30. 最新研究发现，恐龙腿骨化石都有一定的弯曲度，这意味着恐龙其实并没有人们想象的那么重，以前根据其腿骨为圆柱形的假定计算动物体重时，会使得计算结果比实际体重高出1.42倍。科学家由此认为，过去那种计算方式高估了恐龙腿部所能承受的最大身体重量。

以下哪项如果为真，最能支持上述科学家的观点？

A．圆柱形腿骨能够承受的重量比弯曲的腿骨大。

B．恐龙腿骨所能承受的重量比之前所认为的要大。

C．恐龙腿部的肌肉对于支撑其体重作用不大。

D．与陆地上的恐龙相比，翼龙的腿骨更接近圆柱形。

E．恐龙身体越重，其腿部骨骼也越粗壮。

31. 人们普遍认为适量的体育运动能够有效降低中风的发生率，但科学家还注意到有些化学物质也有降低中风风险的效用，番茄红素是一种让番茄、辣椒、西瓜和番木瓜等果蔬呈现红色的化学物质。研究人员选取1 000余名年龄在46至55岁之间的人，进行了长达12年的跟踪调查，发现其中番茄红素水平最高的1/4的人中有11人中风，番茄红素水平最低的1/4的人中有25人中风，他们由此得出结论：番茄红素能降低中风发生率。

以下哪项如果为真，最能针对上述研究结论提出质疑？

A．番茄红素水平较低的中风者中有1/3的人病情较轻。

B．吸烟、高血压和糖尿病等会诱发中风。

C．如果调查56至65岁之间的人，情况也许不同。

D．番茄红素水平高的人约有1/4喜爱进行适量的体育运动。

E．被跟踪的另一半人中有50人中风。

32. 已知某班共有25位同学，女生中身高最高者与最低者相差10厘米；男生中身高最高者与最低者则相差15厘米。小明认为，根据已知信息，只要再知道男生、女生最高者的具体身高，或者再知道男生、女生的平均身高，均可确定全班同学中身高最高者与最低者之间的差距。

以下哪项如果为真，最能构成对小明观点的反驳？

A．根据已知信息，如果不能确定全班同学中身高最高者与最低者之间的差距，则既不能确定男生、女生最高者的具体身高，也不能确定男生、女生的平均身高。

B. 根据已知信息，尽管再知道男生、女生的平均身高，也不能确定全班同学中身高最高者与最低者之间的差距。

C. 根据已知信息，即使确定了全班同学中身高最高者与最低者之间的差距，也不能确定男生、女生的平均身高。

D. 根据已知信息，如果不能确定全班同学中身高最高者与最低者之间的差距，则也不能确定男生、女生最高者的具体身高。

E. 根据已知信息，仅仅再知道男生、女生最高者的具体身高，就能确定全班同学中身高最高者与最低者之间的差距。

33. 近10年来，某电脑公司的个人笔记本电脑的销量持续增长，但其增长率低于该公司所有产品总销量的增长率。

以下哪项关于该公司的陈述与上述信息相冲突？

A. 近10年来，该公司个人笔记本电脑的销量每年略有增长。

B. 个人笔记本电脑的销量占该公司产品总销量的比例近10年来由68%上升到72%。

C. 近10年来，该公司产品总销量增长率与个人笔记本电脑的销量增长率每年同时增长。

D. 近10年来，该公司个人笔记本电脑的销量占该公司产品总销量的比例逐年下降。

E. 个人笔记本电脑的销量占该公司产品总销量的比例近10年来由64%下降到49%。

34. 学者张某说："问题本身并不神秘，因与果也仅仅是哲学家的事。每个凡夫俗子一生之中都将面临许多问题，但分析问题的方法与技巧却很少有人掌握，无怪乎华尔街的分析大师们趾高气扬、身价百倍。"

以下哪项如果为真，最能反驳张某的观点？

A. 有些凡夫俗子可能不需要掌握分析问题的方法与技巧。

B. 有些凡夫俗子一生中将要面临的问题并不多。

C. 凡夫俗子中很少有人掌握分析问题的方法和技巧。

D. 掌握分析问题的方法与技巧对多数人来说很重要。

E. 华尔街的分析大师们大都掌握分析问题的方法与技巧。

35. 试验发现，孕妇适当补充维生素D可降低新生儿感染呼吸道合胞病毒的风险。科研人员检测了156名新生儿脐带血中维生素D的含量，其中54%的新生儿被诊断为维生素D缺乏，这当中有12%的孩子在出生后一年内感染了呼吸道合胞病毒，这一比例远高于维生素D正常的孩子。

以下哪项如果为真，最能对科研人员的上述发现提供支持？

A. 上述实验中，54%的新生儿维生素D缺乏是由于他们的母亲在妊娠期间没有补充足够的维生素D造成的。

B. 孕妇适当补充维生素D可降低新生儿感染流感病毒的风险，特别是在妊娠后期补充维生素D，预防效果会更好。

C. 上述实验中，46%补充维生素D的孕妇所生的新生儿也有一些在出生一年内感染呼吸道合胞病毒。

D. 科研人员实验时所选的新生儿在其他方面跟一般新生儿的相似性没有得到明确验证。

E. 维生素D具有多种防病健体功能，其中包括提高免疫系统功能、促进新生儿呼吸系统发育、预防新生儿呼吸道病毒感染等。

36. 英国有家小酒馆采取客人吃饭付费“随便给”的做法，即让顾客享用葡萄酒、蟹及三文鱼等美食后，自己决定付账金额。大多数顾客均以公平或慷慨的态度结账。实际金额比那些酒水菜肴本来的价格高出20%，该酒馆老板另有四家酒馆，而这四家酒馆每周的利润与付账“随便给”的酒馆相比少5%。这位老板因此认为“随便给”的营销策略很成功。

以下哪项如果为真，最能解释老板营销策略的成功？

A. 部分顾客希望自己看上去有教养，愿意掏足够甚至更多的钱。

B. 如果顾客所付低于成本价，就会受到提醒而补足差价。

C. 对于过分吝啬的顾客，酒馆老板常常也无可奈何。

D. 另外四家酒馆位置不如这家“随便给”酒馆。

E. 客人常常不知酒水菜肴实际价格，不知道该付多少钱。

37~38 题基于以下题干：

某公司年度审计期间，审计人员发现一张发票，上面有赵义、钱仁礼、孙智、李信4个签名，签名者的身份各不相同，是经办人、复核人、出纳或审批领导之中的一个，且每个签名都是本人所签，询问4位相关人员，得出如下回答：

赵义：“审批领导的签名不是钱仁礼”。

钱仁礼：“复核的签名不是李信”。

孙智：“出纳的签名不是赵义”。

李信：“复核的签名不是钱仁礼”。

已知上述每个回答中，如果提到的人是经办人，则该回答为假；如果提到的人不是经办人，则为真。

37. 根据以上信息，可以得出经办人是：

A. 赵义。

B. 李信。

C. 孙智。

D. 钱仁礼。

E. 无法确定。

38. 根据以上信息，该公司的复核与出纳分别是：

A. 钱仁礼、李信。

B. 赵义、钱仁礼。

C. 李信、赵义。

D. 孙智、赵义。

E. 孙智、李信。

39. 长期以来，人们认为地球是已知唯一能支持生命存在的星球，不过这一情况开始出现改观。科学家近期指出，在其他恒星周围，可能还存在着更加宜居的行星。他们尝试用新的方法展开外生命探索，即搜寻放射性元素钍和铀，行星内部含有这些元素越多，其内部温度就会越高，这在一定程度上有助于行星的板块运动，而板块运动有助于维系行星表面的水体，因此板块运动可被视为行星存在宜居环境的标志之一。

以下哪项最有可能是科学家的假设？

A．虽然尚未证实，但地球外生命一定存在。

B．没有水的行星也可能有生命。

C．行星内部温度越高，越有助于板块运动。

D．行星板块运动都是由放射性元素钍和铀驱动的。

E．行星如能维系水体，就可能存在生命。

40. 为了加强学习型机关建设，某机关党委开展了菜单式学习活动，拟开设课程有“行政学”“管理学”“科学前沿”“逻辑”和“国际政治”等5门课程，要求其下属的4个支部各选择其中两门课程进行学习。已知：第一支部没有选择“管理学”“逻辑”，第二支部没有选择“行政学”“国际政治”，只有第三支部选择了“科学前沿”。任意两个支部所选课程均不完全相同。

根据上述信息，关于第四支部的选课情况可以得出以下哪项？

A．如果没有选择“行政学”，那么选择了“逻辑”。

B．如果没有选择“管理学”，那么选择了“逻辑”。

C．如果没有选择“国际政治”，那么选择了“逻辑”。

D．如果没有选择“管理学”，那么选择了“国际政治”。

E．如果没有选择“行政学”，那么选择了“管理学”。

41. 有气象专家指出：全球变暖已经成为人类发展最严重的问题之一，南北极地区的冰川由于全球变暖而加速融化，已导致海平面上升；如果这一趋势不变，今后势必淹没很多地区。但近几年来，北半球许多地区的民众在冬季感到相当寒冷，一些地区甚至出现了超强降雪和超低气温，人们觉得对近期气候的确切描述似乎更应该是“全球变冷”。

以下哪项如果为真，最能解释上述现象？

A．除了南极洲，南半球近几年冬季的平均温度接近常年。

B．近几年来，全球夏季的平均气温比常年偏高。

C．近几年来，由于两极附近海水温度升高导致原来洋流中断或者减弱，而北半球经历严寒冬季的地区正是原来暖流影响的主要区域。

D．近几年来，由于赤道附近海水温度升高导致了原来洋流增强，而北半球经历严寒冬季的地区不是原来寒流影响的主要区域。

E.北半球主要是大陆性气候，冬季和夏季的温差通常比较大，近年来冬季极地寒流南侵比较频繁。

42. 这两个《通知》或者属于规章或者属于规范性文件，任何人均无权依据这两个《通知》将本来属于当事人选择公证的事项规定为强制公证的事项。

根据以上信息，可以得出以下哪项？

A. 将本来属于当事人选择公证的事项规定为强制公证的事项属于违法行为。

B. 这两个《通知》如果一个属于规章，那么另一个属于规范性文件。

C. 规章或规范性文件或者不是法律，或者不是行政法规。

D. 这两个《通知》如果都不属于规范性文件，那么就属于规章。

E. 规章或者规范性文件既不是法律，也不是行政法规。

43. 若一个管理者是某领域优秀的专家学者，则他一定会管理好公司的基本事物；一位品行端正的管理者可以得到下属的尊重；但是对所有领域都一知半解的人一定不会得到下属的尊重。浩瀚公司董事会只会解除那些没有管理好公司基本事物者的职务。

根据以上信息，可以得出以下哪项？

A. 浩瀚公司董事会不可能解除受下属尊重的管理者的职务。

B. 作为某领域优秀专家学者的管理者，不可能被浩瀚公司董事会解除职务。

C. 对所有领域都一知半解的管理者，一定会被浩瀚公司董事会解除职务。

D. 浩瀚公司董事会不可能解除品行端正的管理者的职务。

E. 浩瀚公司董事会解除了某些管理者的职务。

44. 某国大选在即，国际政治专家陈研究员预测：选举结果或者是甲党控制政府，或者是乙党控制政府。如果甲党赢得对政府的控制权，该国将出现经济问题；如果乙党赢得对政府的控制权，该国将陷入军事危机。

根据陈研究员上述预测，可以得出以下哪项？

A. 该国将出现经济问题，或者将陷入军事危机。

B. 如果该国陷入了军事危机，那么乙党赢得了对政府的控制权。

C. 如果该国出现经济问题，那么甲党赢得了对政府的控制权。

D. 该国可能不会出现经济问题，也不会陷入军事危机。

E. 如果该国出现了经济问题并且陷入了军事危机，那么甲党与乙党均赢得了对政府的控制权。

45. 某大学顾老师在回答有关招生问题时强调：“我们学校招收一部分免费师范生，也招收一部分一般师范生。一般师范生不同于免费师范生。没有免费师范生毕业时可以留在大城市工作，而一般师范生毕业时都可以选择留大城市工作，任何非免费师范生毕业时都需要自谋职业，没有免费师范生毕业时需要自谋职业。”

根据顾老师的陈述，可以得出以下哪项？

A. 该校需要自谋职业的大学生都可以选择留在大城市工作。

B. 该校可以选择留在大城市工作的唯一一类毕业生是一般师范生。

C. 不是一般师范生的该校大学生都是免费师范生。

D. 该校所有一般师范生都需要自谋职业。

E. 该校需要自谋职业的大学生都是一般师范生。

46. 某单位有负责网络、文秘以及后勤的三名办公人员：文珊、孔瑞和姚薇，为了培养年轻干部，领导决定她们三人在这三个岗位之间实行轮岗，并将她们原来的工作间 110 室、111 室和 112 室也进行了轮换。结果，原来负责后勤的文珊接替了孔瑞的文秘工作，由110室调到了111室。
根据以上信息，可以得出以下哪项？
A. 姚薇被调到了 112 室。
B. 姚薇接替孔瑞的工作。
C. 孔瑞接替文珊的工作。
D. 孔瑞被调到了 112 室。
E. 孔瑞被调到了 110 室。

47. 某小区业主委员会的 4 名成员晨桦、建国、向明和嘉媛围坐在一张方桌前（每边各坐一人）讨论小区大门旁的绿化方案。4 人的职业各不相同，每个人的职业是高校教师、软件工程师、园艺师或邮递员之中的一种。已知：晨桦是软件工程师，他坐在建国的左手边；向明坐在高校教师的右手边；坐在建国对面的嘉媛不是邮递员。
根据以上信息，可以得出以下哪项？
A. 嘉媛是高校教师，向明是园艺师。
B. 建国是邮递员，嘉媛是园艺师。
C. 建国是高校教师，向明是园艺师。
D. 嘉媛是园艺师，向明是高校教师。
E. 向明是邮递员，嘉媛是园艺师。

48. 兰教授认为：不善于思考的人不可能成为一名优秀的管理者，没有一个谦逊的智者学习占星术，占星家均学习占星术，但是有些占星家却是优秀的管理者。
以下哪项如果为真，最能反驳兰教授的上述观点？
A. 所有谦逊的智者都是善于思考的人。
B. 有些善于思考的人不是谦逊的智者。
C. 有些占星家不是优秀的管理者。
D. 谦逊的智者都不是善于思考的人。
E. 善于思考的人都是谦逊的智者。

49. 不仅人上了年纪会难以集中注意力，就连蜘蛛也有类似的情况。年轻蜘蛛结的网整齐均匀，角度完美；年老蜘蛛结的网可能出现缺口，形状怪异。蜘蛛越老，结的网就越没有章法。科学家由此认为，随着时间的流逝，这种动物的大脑也会像人类一样退化。
以下哪项如果为真，最能质疑科学家的上述论证？
A. 优美的蜘蛛网更能受到异性蜘蛛的青睐。
B. 年老蜘蛛的大脑较之年轻蜘蛛，其脑容量明显偏小。
C. 运动器官的老化会导致年老蜘蛛结网能力下降。
D. 蜘蛛结网行为只是一种本能的行为，并不受大脑的控制。

E. 形状怪异的蛛网较之整齐均匀的蛛网，其功能没有大的差别。

50. 某研究中心通过实验对健康男性和女性听觉的空间定位能力进行了研究。起初，每次只发出一种声音，要求被试者说出声音的准确位置，男性和女性都非常轻松地完成了任务；后来，多种声音同时发出，要求被试者只关注一种声音并对声源进行定位，与男性相比，女性完成这项任务要困难得多，有时她们甚至认为声音是从声源相反方向传来的。研究人员由此得出：在嘈杂环境中准确找出声音来源的能力，男性要胜过女性。

以下哪项如果为真，最能支持研究者的结论？

A. 在实验使用的嘈杂环境中，有些声音是女性熟悉的声音。

B. 在实验使用的嘈杂环境中，有些声音是男性不熟悉的声音。

C. 在安静的环境中，女性注意力更易集中。

D. 在嘈杂的环境中，男性注意力更易集中。

E. 在安静的环境中，人的注意力容易分散；在嘈杂的环境中，人的注意力容易集中。

51. 孙先生的所有朋友都声称，他们知道某人每天抽烟至少两盒，而且持续了40年，但身体一直不错，不过可以确信的是，孙先生并不知道有这样的人，在他的朋友中也有像孙先生这样不知情的。

根据以上信息，可以得出以下哪项？

A. 抽烟的多少和身体健康与否无直接关系。

B. 朋友之间的交流可能会夸张，但没有人想故意说谎。

C. 孙先生的每位朋友知道的烟民一定不是同一个人。

D. 孙先生的朋友中有人没有说真话。

E. 孙先生的大多数朋友没有说真话。

52. 现有甲、乙两所高校，根据上年度的教育经费实际投入统计，若仅仅比较在校本科生的学生人均投入经费，甲校等于乙校的86%；但若比较所有学生（本科生加上研究生）的人均经费投入，甲校是乙校的118%。各校研究生的人均经费投入均高于本科生。

根据以上信息，最可能得出以下哪项？

A. 上年度，甲校学生总数多于乙校。

B. 上年度，甲校研究生人数少于乙校。

C. 上年度，甲校研究生占该校学生的比例高于乙校。

D. 上年度，甲校研究生人均经费投入高于乙校。

E. 上年度，甲校研究生占该校学生的比例高于乙校，或者甲校研究生人均经费投入高于乙校。

53~55 题基于以下题干：

孔智、孟睿、荀慧、庄聪、墨灵、韩敏等6人组成一个代表队参加某次棋类大赛，其中两人参加围棋比赛，两人参加中国象棋比赛，还有两人参加国际象棋比赛。有关他们具体参加比赛项目的情况还需满足以下条件：

（1）每位选手只能参加一个比赛项目；

（2）孔智参加围棋比赛，当且仅当，庄聪和孟睿都参加中国象棋比赛；

（3）如果韩敏不参加国际象棋比赛，那么墨灵参加中国象棋比赛；

（4）如果荀慧参加中国象棋比赛，那么庄聪不参加中国象棋比赛；

（5）荀慧和墨灵至少有一人不参加中国象棋比赛。

53. 如果荀慧参加中国象棋比赛，那么可以得出以下哪项？

A. 庄聪和墨灵都参加围棋比赛。

B. 孟睿参加围棋比赛。

C. 孟睿参加国际象棋比赛。

D. 墨灵参加国际象棋比赛。

E. 韩敏参加国际象棋比赛。

54. 如果庄聪和孔智参加相同的比赛项目，且孟睿参加了中国象棋比赛，那么可以得出以下哪项？

A. 墨灵参加国际象棋比赛。

B. 庄聪参加中国象棋比赛。

C. 孔智参加围棋比赛。

D. 荀慧参加围棋比赛。

E. 韩敏参加中国象棋比赛。

55. 根据题干信息，以下哪项可能为真？

A. 庄聪和韩敏参加中国象棋比赛。

B. 韩敏和荀慧参加中国象棋比赛。

C. 孔智和孟睿参加围棋比赛。

D. 墨灵和孟睿参加围棋比赛。

E. 韩敏和孔智参加围棋比赛。

四、写作：第56～57小题，共65分。其中论证有效性分析30分，论说文35分。

56. 论证有效性分析：分析下述论证中存在的缺陷和漏洞，选择若干要点，写一篇600字左右的文章，对该论证的有效性进行分析和评论。（论证有效性分析的一般要点是：概念特别是核心概念的界定和使用是否准确并前后一致，有无各种明显的逻辑错误，论证的论据是否成立并支持结论，结论成立的条件是否充分，等等。）

现代企业管理制度的设计所要遵循的重要原则是权力的制衡与监督。只要有了制衡与监督，企业的成功就有了保证。

所谓制衡，指对企业的管理权进行分解，然后使被分解的权力相互制约以达到平衡，它可以使任何人不能滥用权力；至于监督，指对企业管理进行严密观察，使企业运营的各个环节处于可控范围之内。既然任何人都不能滥用权力，而且所有环节都在可控范围之内，那么企业的运营就不可能产生失误。

同时，以制衡与监督为原则所设计的企业管理制度还有一个固有特点，即能保证其实施的有效性，因为环环相扣的监督机制能确保企业内部各级管理者无法敷衍塞责。万一有人敷衍塞责，也会受这一机制的制约而得到纠正。

再者，由于制衡原则的核心是权力的平衡，而企业管理的权力又是企业运营的动力与起点，因此权力的平衡就可以使整个企业运营保持平衡。

另外，从本质上来说，权力平衡就是权力平等，因此这一制度本身蕴含着平等观念。平等观念一旦成为企业的管理理念，必将促成企业内部的和谐与稳定。

由此可见，如果权力的制衡与监督这一管理原则付诸实践，就可以使企业的运营避免失误，确保其管理制度的有效性、日常运营的平衡以及内部的和谐与稳定，这样的企业一定能够成功。

57. 论说文：根据下述材料，写一篇700字左右的论说文，题目自拟。

生物学家发现，雌孔雀往往选择尾巴大而艳丽的雄孔雀作为配偶，因为雄孔雀尾巴越大越艳丽，表明它越有生命活力，其后代的健康越能得到保证。但是，这种选择也产生了问题：孔雀尾巴越大越艳丽，越容易被天敌发现和猎获，其生存反而会受到威胁。

2014年综合真题答案

一、问题求解

1. E	2. B	3. B	4. B	5. E
6. B	7. D	8. D	9. C	10. E
11. D	12. A	13. E	14. C	15. D

二、条件充分性判断

16. A	17. B	18. C	19. A	20. A
21. D	22. C	23. C	24. C	25. A

三、逻辑推理

26. D	27. D	28. A	29. B	30. A
31. E	32. B	33. B	34. B	35. A
36. B	37. C	38. B	39. E	40. B
41. C	42. D	43. B	44. A	45. E
46. D	47. E	48. E	49. D	50. D
51. D	52. E	53. E	54. D	55. D

四、写作

见解析。

详细解析和精讲

扫码查看2014年
综合真题解析

扫码观看综合真题
同步直播课程

绝密★启用前
综合试卷

2013年全国硕士研究生入学统一考试

综合能力

（科目代码：199）

研考 综合 试卷条形码

○考生注意事项○

1. 答题前，考生须在试题册指定位置上填写考生编号和考生姓名；在答题卡指定位置上填写报考单位、考生姓名和考生编号，并涂写考生编号信息点。

2. 考生须把试题册上的“试卷条形码”粘贴条取下，粘贴在答题卡的试卷条形码粘贴位置框中。不按规定粘贴条形码而影响评卷结果的，责任由考生自负。

3. 选择题的答案必须涂写在答题卡相应题号的选项上，非选择题的答案必须书写在答题卡指定位置的边框区域内。超出答题区域书写的答案无效；在草稿纸、试题册上答题无效。

4. 填（书）写部分必须使用黑色签字笔书写，字迹工整、笔迹清楚；涂写部分必须使用2B铅笔填涂。

5. 考试结束，将答题卡按规定交回。

（以下信息考生必须认真填写）

考生编号															
考生姓名															

一、问题求解：第 1～15 小题，每小题 3 分，共 45 分。下列每题给出的 A、B、C、D、E 五个选项中，只有一项是符合试题要求的。

1. 某工厂生产一批零件，计划10天完成任务，实际提前2天完成，则每天的产量比计划平均提高了（　）．

A. 15%　　B. 20%　　C. 25%　　D. 30%　　E. 35%

2. 某工程由甲公司承包需要 60 天完成，由甲、乙两公司共同承包需要 28 天完成，由乙、丙两公司共同承包需要 35 天完成，则由丙公司承包完成该工程需要的天数为（　）．

A. 85　　B. 90　　C. 95　　D. 100　　E. 105

3. 甲班共有30名学生，在一次满分为100分的测试中，全班平均成绩为90分，则成绩低于60分的学生最多有（　）．

A. 8 个　　B. 7 个　　C. 6 个　　D. 5 个　　E. 4 个

4. 甲、乙两人同时从 A 点出发，沿400米跑道同向匀速行走，25分钟后乙比甲少走一圈．若乙行走一圈需要 8 分钟，则甲的速度是（　）．（单位：米/分钟）

A. 62　　B. 65　　C. 66　　D. 67　　E. 69

5. 甲、乙两商店同时购进了一批某品牌电视机，当甲店售出 15 台时，乙售出 10 台，此时两店的库存比为 8∶7，库存之差为 5．甲、乙两商店的总进货量为（　）．

A. 75 台　　B. 80 台　　C. 85 台

D. 100 台　　E. 125 台

6. 已知 $f(x)=\dfrac{1}{(x+1)(x+2)}+\dfrac{1}{(x+2)(x+3)}+\cdots+\dfrac{1}{(x+9)(x+10)}$，则 $f(8)=$（　）．

A. $\dfrac{1}{9}$　　B. $\dfrac{1}{10}$　　C. $\dfrac{1}{16}$　　D. $\dfrac{1}{17}$　　E. $\dfrac{1}{18}$

7. 如图所示，在直角三角形 ABC 中，$AC=4$，$BC=3$，$DE//BC$，已知梯形 $BCED$ 的面积为3，则 DE 的长为（　）．

A. $\sqrt{3}$　　B. $\sqrt{3}+1$

C. $4\sqrt{3}-4$　　D. $\dfrac{3\sqrt{2}}{2}$

E. $\sqrt{2}+1$

A
E　D
C　B

8. 点$(0,4)$关于$2x+y+1=0$的对称点为（　）.

A. $(2,0)$　　B. $(-3,0)$　　C. $(-6,1)$

D. $(4,2)$　　E. $(-4,2)$

9. 将体积为$4\pi cm^3$和$32\pi cm^3$的两个实心金属球熔化后铸成一个实心大球，则大球的表面积为（　）.

A. $32\pi cm^2$　　B. $36\pi cm^2$　　C. $38\pi cm^2$

D. $40\pi cm^2$　　E. $42\pi cm^2$

10. 在$(x^2+3x+1)^5$的展开式中，x^2的系数为（　）.

A. 5　　B. 10　　C. 45　　D. 90　　E. 95

11. 已知10件产品中有4件一等品，从中任取2件，则至少有1件一等品的概率为（　）.

A. $\frac{1}{3}$　　B. $\frac{2}{3}$　　C. $\frac{2}{15}$　　D. $\frac{8}{15}$　　E. $\frac{13}{15}$

12. 有一批水果需要装箱，一名熟练工人单独装箱需要10天，每天报酬为200元，一名普通工人装箱需要15天，每天报酬为120元. 由于场地限制最多可同时安排12人装箱，若要求在一天内完成装箱任务，则支付的最少报酬为（　）.

A. 1 800元　　B. 1 840元　　C. 1 920元

D. 1 960元　　E. 2 000元

13. 已知$\{a_n\}$为等差数列，若a_2与a_{10}是方程$x^2-10x-9=0$的两个根，则$a_5+a_7=$（　）.

A. -10　　B. -9　　C. 9　　D. 10　　E. 12

14. 已知抛物线$y=x^2+bx+c$的对称轴为$x=1$，且过点$(-1,1)$，则（　）.

A. $b=-2$, $c=-2$　　B. $b=2$, $c=2$　　C. $b=-2$, $c=2$

D. $b=-1$, $c=-1$　　E. $b=1$, $c=1$

15. 确定两人从A地出发经过B，C，沿逆时针方向行走一圈回到A地的方案（如图所示）. 当从A地出发时，每人均可选大路或山道，当经过B，C时，至多有一人可以更改道路，则不同的方案有（　）.

A. 16种　　B. 24种

C. 36种　　D. 48种

E. 64种

C
山道
A
B
大路

二、条件充分性判断：第 16～25 小题，每小题 3 分，共 30 分。要求判断每题给出的条件（1）和条件（2）能否充分支持题干所陈述的结论。A、B、C、D、E 五个选项为判断结果，请选择一项符合试题要求的判断。

（A）条件（1）充分，但条件（2）不充分.

（B）条件（2）充分，但条件（1）不充分.

（C）条件（1）和条件（2）单独都不充分，但条件（1）和条件（2）联合起来充分.

（D）条件（1）充分，条件（2）也充分.

（E）条件（1）和条件（2）单独都不充分，条件（1）和条件（2）联合起来也不充分.

16. 已知二次函数 $f(x)=ax^2+bx+c$，则方程 $f(x)=0$ 有两个不同实数.

（1）$a+c=0$.

（2）$a+b+c=0$.

17. ΔABC 的边长分别为 a,b,c，则三角形 ABC 为直角三角形.

（1）$(c^2-a^2-b^2)(a^2-b^2)=0$.

（2）ΔABC 的面积为 $\frac{1}{2}ab$.

18. $p=mq+1$ 为质数.

（1）m 为正整数，q 为质数.

（2）m，q 均为质数.

19. 已知区域 $D_1=\left\{(x,y)\middle|x^2+y^2\leqslant 9\right\}$，$D_2=\left\{(x,y)\middle|(x-x_0)^2+(y-y_0)^2\leqslant 9\right\}$，则 D_1，D_2 覆盖区域的边界长度为 8π.

（1）${x_0}^2+{y_0}^2=9$.

（2）$x_0+y_0=3$.

20. 三个科室的人数分别为6，3和2. 因工作需要，每晚要排3人值班，则在两个月内可以使每晚的值班人员不完全相同.

（1）值班人员不能来自同一科室.

（2）值班人员来自三个不同科室.

21. 档案馆在一个库房中安装了 n 个烟火感应报警器, 每个报警器遇到烟火发出警报的概率均为 p, 该库房遇烟火发出警报的概率达到 0.999.

（1） $n=3, p=0.9$.

（2） $n=2, p=0.97$.

22. 已知 a,b 是实数, 则 $|a|\leqslant 1, |b|\leqslant 1$.

（1） $|a+b|\leqslant 1$.

（2） $|a-b|\leqslant 1$.

23. 某单位年终共发了 100 万元奖金, 奖金金额分别是一等奖 1.5 万元、二等奖 1 万元、三等奖 0.5 万元, 则该单位至少有 100 人.

（1）得二等奖的人数最多.

（2）得三等奖的人数最多.

24. 设 x, y, z 为非零实数, 则 $\dfrac{2x+3y-4z}{-x+y-2z}=1$.

（1） $3x-2y=0$.

（2） $2y-z=0$.

25. 设 $a_1=1$, $a_2=k$, $\cdots$, $a_{n+1}=|a_n-a_{n-1}|$ （$n\geqslant 2$）, 则 $a_{100}+a_{101}+a_{102}=2$.

（1） $k=2$.

（2） k 是小于 20 的正整数.

三、逻辑推理：第 26～55 小题，每小题 2 分，共 60 分。下列每题给出的 A、B、C、D、E 五个选项中，只有一项是符合试题要求的。

26. 某公司去年初开始实施一项“办公用品节俭计划”，每位员工每月只能免费领用限量的纸笔等各类办公用品。年末统计时发现，公司用于办公用品的支出较上年度下降了 30%。在未实施该计划的过去五年间，公司年平均消耗办公用品达10万元。公司总经理由此得出：该计划去年已经为公司节约了不少经费。

以下哪项如果为真，最能构成对总经理推论的质疑？

A. 另一家与该公司规模及其他基本情况均类似的公司，未实施类似的节俭计划，在过去的5年间办公用品消耗额年平均也为10万元。

B. 在过去的5年间，该公司大力推广无纸化办公，并且取得很大成就。

C. “办公用品节俭计划”是控制支出的重要手段，但说该计划为公司“一年内节约了不少经费”，没有严谨的数据分析。

D. 另一家与该公司规模及其他基本情况均类似的公司，未实施类似的节俭计划，但是在过去的5年间办公用品人均消耗额越来越低。

E. 去年，该公司在员工困难补助、交通津贴等方面开支增加了3万元。

27. 公司经理：我们招聘人才时最看重的是综合素质和能力，而不是分数。人才招聘中，高分低能者并不鲜见，我们显然不希望招到这样的“人才”，从你的成绩单可以看出，你的学业分数很高，因此我们有点怀疑你的能力和综合素质。

以下哪项和经理得出结论的方式最为类似？

A. 公司管理者并非都是聪明人，陈然不是公司管理者，所以陈然可能是聪明人。

B. 猫都爱吃鱼，没有猫患近视，所以吃鱼可以预防近视。

C. 人的一生中健康开心最重要，名利都是浮云，张立名利双收，所以张立可能并不开心。

D. 有些歌手是演员，所有的演员都很富有，所以有些歌手可能不富有。

E. 闪光的物体并非都是金子，考古队挖到了闪闪发光的物体，所以考古队挖到的可能不是金子。

28. 某省大力发展旅游产业，目前已经形成东湖、西岛、南山三个著名景点，每处景点都有二日游、三日游、四日游三种路线。李明、王刚、张波拟赴上述三地进行9日游，每个人都制定了各自的旅游计划。后来发现，每处景点他们三人都选择了不同的路线：李明赴东湖的计划天数与王刚赴西岛的计划天数相同，李明赴南山的计划是三日游，王刚赴南山的计划是四日游。

根据以上陈述，可以得出以下哪项？

A. 李明计划东湖二日游，王刚计划西岛二日游。

B. 王刚计划东湖三日游，张波计划西岛四日游。

C. 张波计划东湖四日游，王刚计划西岛三日游。

D. 张波计划东湖三日游，李明计划西岛四日游。

E. 李明计划东湖二日游，王刚计划西岛三日游。

29. 国际足联一直坚称，世界杯冠军队所获得的“大力神”杯是实心的纯金奖杯，某教授经过精密测量和计算认为，世界杯冠军奖杯——实心的“大力神”杯不可能是纯金制成的，否则球员根本不可能将它举过头顶并随意挥舞。

以下哪项与这位教授的意思最为接近？

A. 若球员能够将“大力神”杯举过头顶并自由挥舞，则它很可能是空心的纯金杯。

B. 只有“大力神”杯是实心的，它可能是纯金的。

C. 若“大力神”杯是实心的纯金杯，则球员不可能把它举过头顶并随意挥舞。

D．只有球员能够将“大力神”杯举过头顶并自由挥舞，它才由纯金制成，并且不是实心的。
E．若“大力神”杯是由纯金制成，则它肯定是空心的。

30．根据学习在动机形成和发展中所起的作用，人的动机可分原始动机和习得动机两种。原始动机是与生俱来的动机，它们是以人的本能需要为基础的，习得动机是指后天获得的各种动机，即经过学习产生和发展起来的各种动机。

根据以上陈述，以上哪项最可能属于原始动机？

A．尊敬老人，孝敬父母。
B．不入虎穴，焉得虎子。
C．宁可食无肉，不可居无竹。
D．尊师重教，崇文尚武。
E．窈窕淑女，君子好逑。

31～32 题基于以下题干：

互联网好比一个复杂多样的虚拟世界，每台联网主机上的信息又构成了一个微观虚拟世界。若在某主机上可以访问本主机的信息，则称该主机相通于自身；若主机 x 能通过互联网访问主机 y 的信息，则称 x 相通于 y。已知代号分别为甲、乙、丙、丁的四台联网主机有如下信息：

（1）甲主机相通于任一不相通于丙的主机；
（2）丁主机不相通于丙；
（3）丙主机相通于任一相通于甲的主机。

31．若丙主机不相通于自身，则以下哪项一定为真？

A．若丁主机相通于乙，则乙主机相通于甲。
B．甲主机相通于丁，也相通于丙。
C．甲主机相通于乙，乙主机相通于丙。
D．只有甲主机不相通于丙，丁主机才相通于乙。
E．丙主机不相通于丁，但相通于乙。

32．若丙主机不相通于任何主机，则以下哪项一定为假？

A．乙主机相通于自身。
B．丁主机不相通于甲。
C．若丁主机不相通于甲，则乙主机相通于甲。
D．甲主机相通于乙。
E．若丁主机相通于甲，则乙主机相通于甲。

33．某科研机构对市民所反映的一种奇异现象进行研究，该现象无法用已有的科学理论进行解释。助理研究员小王有此断言：该现象是错觉。

以下哪项如果为真，最可能使小王的断言不成立？

A．错觉都可以用已有的科学理论进行解释。

B. 所有错觉都不能用已有的科学理论进行解释。

C. 已有的科学理论尚不能完全解释错觉是如何形成的。

D. 有些错觉不能用已有的科学理论进行解释。

E. 有些错觉可以用已有的科学理论进行解释。

34. 人们知道鸟类能感觉到地球磁场，并利用它们导航。最近某国科学家发现，鸟类其实是利用右眼“查看”地球磁场的。为检验该理论，当鸟类开始迁徙的时候，该国科学家把若干知更鸟放进一个漏斗形状的庞大的笼子里，并给其中部分知更鸟的一只眼睛戴上一种可屏蔽地球磁场的特殊金属眼罩。笼壁上涂着标记性物质，鸟要通过笼子口才能飞出去。如果鸟碰到笼壁，就会黏上标记性物质，以此判断鸟能否找到方向。

以下哪项如果为真，最能支持研究人员的上述发现？

A. 没戴眼罩的鸟顺利从笼中飞了出去；戴眼罩的鸟，不论左眼还是右眼，朝哪个方向飞的都有。

B. 没戴眼罩的鸟和左眼戴眼罩的鸟顺利从笼中飞了出去，右眼戴眼罩的鸟朝哪个方向飞的都有。

C. 没戴眼罩的鸟和左眼戴眼罩的鸟朝哪个方向飞的都有，右眼戴眼罩的鸟顺利从笼中飞了出去。

D. 没戴眼罩的鸟和右眼戴眼罩的鸟顺利从笼中飞了出去，左眼戴眼罩的鸟朝哪个方向飞的都有。

E. 戴眼罩的鸟，不论左眼还是右眼，顺利从笼中飞了出去，没戴眼罩的鸟朝哪个方向飞的都有。

35～36 题基于以下题干：

年初，为激励员工努力工作，某公司决定根据每月的工作绩效评选“月度之星”，王某在当年前10个月恰好只在连续的4个月中当选“月度之星”，他的另3位同事郑某、吴某、周某也做到了这一点。关于这4人当选“月度之星”的月份，已知：

（1）王某和郑某仅有3个月同时当选；

（2）郑某和吴某仅有3个月同时当选；

（3）王某和周某不曾在同一个月当选；

（4）仅有2人在7月同时当选；

（5）至少有1人在1月当选。

35. 根据以上信息，有3人同时当选“月度之星”的月份是？

A. 1~3月。

B. 2~4月。

C. 3~5月。

D. 4~6月。

E. 5~7月。

36. 根据以上信息，王某当选“月度之星”的月份是？

A. 1~4 月。

B. 3~6 月。

C. 4~7 月。

D. 5~8 月

E. 7~10 月。

37. 若成为白领的可能性无性别差异，按正常男女出生率 102:100 计算，当这批人中的白领谈婚论嫁时，女性和男性数量应当大致相等。但实际上，某市妇联近几年举办的历次大型白领相亲活动中，报名的男女比例约为 3:7，有时甚至达到 2:8。这说明文化程度越高的女性越难嫁，文化低的反而好嫁；男性则正好相反。

以下除哪项外，都有助于解释上述分析与实际情况不一致？

A. 男性因长相身高、家庭条件者等被女性淘汰者多于女性因长相身高、家庭条件等被男性淘汰者。

B. 与男性白领不同，女性白领要求高，往往只找比自己更优秀的男性。

C. 大学毕业后出国的精英分子中，男性多于女性。

D. 与本地女性竞争的外地优秀女性多于与本地男性竞争的外地优秀男性。

E. 一般来说，男性参加大型相亲会的积极性不如女性高。

38. 张霞、李丽、陈露、邓强和王硕一起坐火车去旅游，他们正好在同一车厢相对两排的 5 个座位上，每人各坐一个位子。第一排的座位按顺序分别记作 1 号和 2 号。第二排的座位按序号记为 3、4、5 号。座位 1 和座位 3 直接相对，座位 2 和 4 直接相对，座位 5 不和上述任何座位直接相对。李丽坐在 4 号位置；陈露所坐的位置不与李丽相邻，也不与邓强相邻（相邻指同一排上紧挨着）；张霞不坐在与陈露直接相对的位置上。

根据以上信息，张霞所坐的位置有多少种可能的选择？

A. 1 种。

B. 2 种。

C. 3 种。

D. 4 种。

E. 5 种。

39. 某大学的哲学学院和管理学院今年招聘新教师，招聘结束后受到了女权主义代表的批评，因为他们在 12 名女性应聘者中录用了 6 名，但在 12 名男性应聘者中却录用了 7 名。该大学对此解释说，今年招聘新教师的两个学院中，女性应聘者的录用率都高于男性应聘者的录用率。具体情况是：哲学学院在 8 名女性应聘者中录用了 3 名，而在 3 名男性应聘者中录用了 1 名；管理学院在 4 名女性应聘者中录用了 3 名，而在 9 名男性应聘者中录用了 6 名。

以下哪项最有助于解释女权主义代表和大学之间的分歧？

A. 整体并不是局部的简单相加。

B．有些数字规则不能解释社会现象。
C．人们往往从整体角度考虑问题，不管局部。
D．现代社会提倡男女平等，但实际执行中还有一定难度。
E．各个局部都具有的性质在整体上未必具有。

40．教育专家李教授指出：每个人在自己的一生中，都要不断努力，否则就会像龟兔赛跑的故事一样，一时跑得快并不能保证一直领先。如果你本来基础好又能不断努力，那你肯定能比别人更早取得成功。
如果李教授的陈述为真，以下哪项一定为假？
A．小王本来基础好并且能不断努力，但也可能比别人更晚取得成功。
B．不论是谁，只有不断努力，才能取得成功。
C．只要不断努力，任何人都可能取得成功。
D．一时不成功并不意味着一直不成功。
E．人的成功是有衡量标准的。

41．新近一项研究发现，海水颜色能够让飓风改变方向，也就是说，如果海水变色，飓风的移动路径也会变向。这也就意味着科学家可以根据海水的“脸色”判断哪些地区将被飓风袭击，哪些地区会幸免于难。值得关注的是，全球气候变暖可能已经让海水变色。
以下哪项最可能是科学家做出判断所依赖的前提？
A．海水温度升高会导致生成的飓风数量增加。
B．海水温度变化会导致海水改变颜色。
C．海水颜色与飓风移动路径之间存在某种相对确定的联系。
D．全球气候变暖是最近几年飓风频发的重要原因之一。
E．海水温度变化与海水颜色变化之间的联系尚不明朗。

42．某金库发生了失窃案。公安机关侦查确定，这是一起典型的内盗案，可以断定金库管理员甲、乙、丙、丁中至少有一人是作案者。办案人员对四人进行了询问，四人的回答如下：
甲：“如果乙不是窃贼，我也不是窃贼。”
乙：“我不是窃贼，丙是窃贼。”
丙：“甲或者乙是窃贼。”
丁：“乙或者丙是窃贼。”
后来事实表明，他们四人中只有一人说了真话。
根据以上陈述，以下哪项一定为假？
A．丙说的是假话。
B．丙不是窃贼。
C．乙不是窃贼。
D．丁说的是真话。
E．甲说的是真话。

43. 所有参加此次运动会的选手都是身体强壮的运动员，所有身体强壮的运动员都是很少生病的，但是有一些身体不适的选手参加了此次运动会。

以下哪个选项不能从上述前提中得出？

A. 有些身体不适的选手极少生病的。

B. 极少生病的选手都参加了此次运动会。

C. 有些极少生病的选手感到身体不适。

D. 有些身体强壮的运动员感到身体不适。

E. 参加此次运动会的选手都是极少生病的。

44. 足球是一项集体运动，若想不断取得胜利，每个强队都必须有一位核心队员，他总能在关键场次带领全队赢得比赛。友南是某国甲级联赛强队西海队队员。据某记者统计，在上赛季参加的所有比赛中，有友南参加的场次，西海队胜率高达75.5%，只有16.3%的平局，8.2%场次输球；而在友南缺阵的情况下，西海队胜率只有58.9%，输球的比率高达23.5%。该记者由此得出结论，友南是上赛季西海队的核心队员。

以下哪项如果为真，最能质疑该记者的结论？

A. 上赛季友南上场且西海队输球的比赛，都是西海队与传统强队对阵的关键场次。

B. 西海队队长表示：“没有友南我们将失去很多东西，但我们会找到解决办法。”

C. 本赛季开始以来，在友南上阵的情况下，西海队胜率暴跌20%。

D. 上赛季友南缺席且西海队输球的比赛，都是小组赛中西海队已经确定出线后的比赛。

E. 西海队教练表示：“球队是一个整体，不存在有友南的西海队和没有友南的西海队。”

45. 只要每个司法环节都能坚守程序正义，切实履行监督制的职能，结案率就会大幅度提高。去年某国结案率比上一年提高了70%，所以，该国去年每个司法环节都能坚守程序正义，切实履行监督制的职能。

以下哪项与上述论证方式最为相似？

A. 在校期间品学兼优，就可以获得奖学金。李明在校期间不是品学兼优，所以就不可能获得奖学金。

B. 李明在校期间品学兼优，但是没有获得奖学金。所以，在校期间品学兼优，不一定可以获得奖学金。

C. 在校期间品学兼优，就可以获得奖学金。李明获得了奖学金，所以在校期间一定品学兼优。

D. 在校期间品学兼优，就可以获得奖学金。李明没有获得奖学金，所以在校期间一定不是品学兼优。

E. 只有在校期间品学兼优，才能获得奖学金。李明获得了奖学金，所以在校期间一定品学兼优。

46. 在东海大学研究生会举办的一次中国象棋比赛中，来自经济学院、管理学院、哲学学院、数学学院和化学学院的5名研究生（每学院1名）相遇在一起。有关甲、乙、丙、丁、戊5名研究生之间的比赛信息满足以下条件：

（1）甲仅与 2 名选手比赛过；
（2）化学学院的选手和 3 名选手比赛过；
（3）乙不是管理学院的，也没有和管理学院的选手对阵过；
（4）哲学学院的选手和丙比赛过；
（5）管理学院、哲学学院、数学学院的选手相互都交过手；
（6）丁仅与 1 名选手比赛过。
根据以上条件，请问丙来自哪个学院？
A．经济学院。
B．管理学院。
C．哲学学院。
D．化学学院。
E．数学学院。

47．据统计，去年在某校参加高考的 385 名文、理科考生中，女生 189 人，文科男生 41 人，非应届男生 28 人，应届理科考生 256 人。
由此可见，去年在该校参加高考的考生中：
A．非应届文科男生多于 20 人。
B．应届理科女生少于 130 人。
C．应届理科男生多于 129 人。
D．应届理科女生多于 130 人。
E．非应届文科男生少于 120 人。

48．某公司人力资源管理部人士指出：由于本公司招聘职位有限，在本次招聘考试中不可能所有的应聘者都能被录取。
基于以下哪项可以得出该人士的上述结论？
A．在本次招聘考试中，可能有应聘者被录用。
B．在本次招聘考试中，可能有应聘者不被录用。
C．在本次招聘考试中，必然有应聘者不被录用。
D．在本次招聘考试中，必然有应聘者被录用。
E．在本次招聘考试中，可能有应聘者被录用，也可能有应聘者不被录用。

49．在某次综合性年会上，物理学会做学术报告的人都来自高校；化学学会做学术报告的人有些来自高校，但是大部分来自中学；其他做学术报告者均来自科学院。来自高校的学术报告者都具有副教授以上职称，来自中学的学术报告者都具有中高级以上职称。李默、张嘉参加了这次综合性学术年会，李默并非来自中学，张嘉并非来自高校。
以上陈述如果为真，可以得出以下哪项结论？
A．张嘉如果做了学术报告，那么他不是物理学会的。
B．李默不是化学学会的。

C．李默如果做了学术报告，那么他不是化学学会的。
D．张嘉不具有副教授以上的职称。
E．张嘉不是物理学会的。

50．根据某位国际问题专家的调查统计可知；有的国家希望与某些国家结盟，有三个以上的国家不希望与某些国家结盟；至少有两个国家希望与每个国家建交，有的国家不希望与任一国家结盟。
根据上述统计可以得出以下哪项？
A．有些国家之间希望建交但是不希望结盟。
B．至少有一个国家，既有国家希望与之结盟，也有国家不希望与之结盟。
C．每个国家都有一些国家希望与之结盟。
D．至少有个国家，既有国家希望与之建交，也有国家不希望与之建交。
E．每个国家都有一些国家希望与之建交。

51．翠竹的大学同学都在某德资企业工作，溪兰是翠竹的大学同学，洞松是该德资企业的部门经理。该德资企业的员工有些来自淮安。该德资企业的员工都曾到德国研修，他们都会说德语。
以下哪项可以从以上陈述中得出？
A．洞松与溪兰是大学同学。
B．翠竹的大学同学有些是部门经理。
C．翠竹与洞松是大学同学。
D．溪兰会说德语。
E．洞松来自淮安。

52．某组研究人员报告说：与心跳速度每分钟低于58次的人相比，心跳速度每分钟超过78次者心脏病发作或者发生其他心血管问题的几率高出39%，死于这类病的风险高出77%，其整体死亡率高出65%。研究人员指出，长期心跳过快导致了心血管疾病。
以下哪项如果为真，最能够对该研究人员的观点提出质疑？
A．各种心血管疾病影响身体的血液循环机能，导致心跳过快。
B．在老年人中，长期心跳过快的不到19%。
C．在老年人中，长期心跳过快的超过39%。
D．野外奔跑的兔子心跳很快，但是很少发现他们患心血管疾病。
E．相对老年人，年轻人生命力旺盛，心跳较快。

53．专业人士预测：如果粮食价格稳定，那么蔬菜价格也保持稳定；如果食用油价格不稳，那么蔬菜价格也将出现波动。老李由此断定：粮食价格将保持稳定，但是肉类食品价格将上涨。
根据上述专业人士的预测，以下哪项为真，最能对老李的观点提出质疑？
A．如果食用油价格稳定，那么肉类食品价格将会上涨。
B．如果食用油价格稳定，那么肉类食品价格不会上涨。
C．如果肉类食品价格不上涨，那么食用油价格将会上涨。

D．如果食用油价格出现波动，那么肉类食品价格不会上涨。
E．只有食用油价格稳定，肉类食品价格才不会上涨。

54～55 题基于以下题干：
晨曦公园拟在园内东南西北四个区域种植四种不同的特色树木，每个区域只种植一种。选定的特色树种为：水松、银杏、乌桕和龙柏。布局和基本要求是：
（1）如果在东区或者南区种植银杏，那么在北区不能种植龙柏或乌桕。
（2）北区或东区要种植水松或者银杏。

54．根据上述种植要求，如果北区种植龙柏，以下哪项一定为真？
A．西区种植水松。
B．南区种植乌桕。
C．南区种植水松。
D．西区种植乌桕。
E．东区种植乌桕。

55．根据上述种植要求，如果水松必须种植于西区或南区，以下哪项一定为真？
A．南区种植水松。
B．西区种植水松。
C．东区种植银杏。
D．北区种植银杏。
E．南区种植乌桕。

四、写作：第 56～57 小题，共 65 分。其中论证有效性分析 30 分，论说文 35 分。

56．论证有效性分析：分析下述论证中存在的缺陷和漏洞，选择若干要点，写一篇 600 字左右的文章，对该论证的有效性进行分析和评论。（论证有效性分析的一般要点是：概念特别是核心概念的界定和使用是否准确并前后一致，有无各种明显的逻辑错误，论证的论据是否成立并支持结论，结论成立的条件是否充分，等等。）

一个国家的文化在国际上的影响力是该国软实力的重要组成部分。由于软实力是评判一个国家国际地位的要素之一，所以如何增强软实力就成了各国政府高度关注的重大问题。

其实，这一问题不难解决。既然一个国家的文化在国际上的影响力是该国软实力的重要组成部分，那么，要增强软实力，只需搞好本国的文化建设并向世人展示就可以了。

文化有两个特性，一个是普同性，一个是特异性。所谓普同性，是指不同背景的文化具有相似的伦理道德和价值观念，如东方文化和西方文化都肯定善行，否定恶行；所谓特异性，是指不同背景的文化具有不同的思想意识和行为方式，如西方文化崇尚个人价值，东方文化固守集体意识。正因为文化具有普同性，所以一国文化就一定会被他国所接受；正因为文化具有特异性，所以一国文化就一定会被他国所关注。无论是接受还是关注，都体现了该国文化影响力的扩大，也即表明了该国软实力的增强。

文艺作品当然也具有文化的本质属性。一篇小说、一出歌剧、一部电影等等，虽然一般以故事情节、人物形象、语言特色等艺术要素取胜，但在这些作品中，也往往肯定了一种生活方式，宣扬了一种价值观念。这种生活方式和价值观念不管是普同的还是特异的，都会被他国所接受或关注，都能产生文化影响力。由此可见，只要创作更多的具有本国文化特色的文艺作品，那么文化影响力的扩大就是毫无疑义的，而国家的软实力也必将同步增强。

57. 根据下述材料，写一篇700字左右的论说文，题目自拟。

上世纪中叶，美国的波音和麦道两家公司几乎垄断了世界民用飞机的市场，欧洲的制造商深感忧虑。虽然欧洲各国之间的竞争也相当激烈，但还是采取了合作的途径，法国、德国、英国和西班牙等决定共同研制大型宽体飞机，于是“空中客车”便应运而生。面对新的市场竞争态势，波音公司和麦道公司于 1977 年一致决定组成新的波音公司，以此抗衡来自欧洲的挑战。

2013 年综合真题答案

一、问题求解

1. C	2. E	3. B	4. C	5. D
6. E	7. D	8. E	9. B	10. E
11. B	12. C	13. D	14. A	15. C

二、条件充分性判断

16. A	17. B	18. E	19. A	20. A
21. D	22. C	23. B	24. C	25. D

三、逻辑推理

26. D	27. E	28. A	29. C	30. E
31. B	32. C	33. A	34. B	35. D
36. D	37. A	38. D	39. E	40. A
41. C	42. D	43. B	44. A	45. C
46. E	47. B	48. C	49. A	50. E
51. D	52. A	53. B	54. B	55. D

四、写作

见解析。

详细解析和精讲

扫码查看 2013 年
综合真题解析

扫码观看综合真题
同步直播课程

绝密★启用前
综合试卷

2012年全国硕士研究生入学统一考试

综合能力

（科目代码：199）

研考 综合 试卷条形码

○考生注意事项○

1. 答题前，考生须在试题册指定位置上填写考生编号和考生姓名；在答题卡指定位置上填写报考单位、考生姓名和考生编号，并涂写考生编号信息点。

2. 考生须把试题册上的“试卷条形码”粘贴条取下，粘贴在答题卡的试卷条形码粘贴位置框中。不按规定粘贴条形码而影响评卷结果的，责任由考生自负。

3. 选择题的答案必须涂写在答题卡相应题号的选项上，非选择题的答案必须书写在答题卡指定位置的边框区域内。超出答题区域书写的答案无效；在草稿纸、试题册上答题无效。

4. 填（书）写部分必须使用黑色签字笔书写，字迹工整、笔迹清楚；涂写部分必须使用2B铅笔填涂。

5. 考试结束，将答题卡按规定交回。

（以下信息考生必须认真填写）

考生编号														
考生姓名														

一、问题求解：第 1～15 小题，每小题 3 分，共 45 分。下列每题给出的 A、B、C、D、E 五个选项，只有一项是符合试题要求的。

1. 某商品的定价为 200 元, 受金融危机的影响, 连续两次降价 20%以后的售价是（　）.

A. 114 元　　B. 120 元　　C. 128 元　　D. 144 元　　E. 160 元

2. 在一次捐赠活动中, 某市将捐赠的物品打包成件, 其中帐篷和食品共320件, 帐篷比食品多80件, 则帐篷的件数是（　）.

A. 80　　B. 200　　C. 230　　D. 240　　E. 260

3. 如图所示, 一个储物罐的下半部分是底面直径与高均是 20 米的圆柱形, 上半部分（顶部）是半球形, 已知底面与顶部的造价是 $400/\mathrm{m}^2$, 侧面造价是 $300/\mathrm{m}^2$, 该储物罐的造价是（　）.（π=3.14）

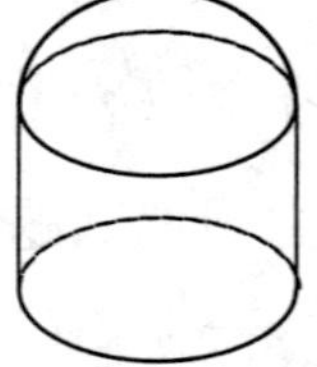

A. 56.52 万元　　B. 62.8 万元

C. 75.36 万元　　D. 87.92 万元

E. 100.48 万元

4. 在一次商品促销活动中, 主持人出示了一个 9 位数, 让顾客猜测商品的价格, 商品的价格是该 9 位数中从左到右相邻的 3 个数字组成的 3 位数, 若主持人出示的是 513535319, 则顾客一次猜中价格的概率是（　）.

A. $\frac{1}{7}$　　B. $\frac{1}{6}$　　C. $\frac{1}{5}$　　D. $\frac{2}{7}$　　E. $\frac{1}{3}$

5. 某商店经营 15 种商品, 每次在橱窗内陈列 5 种, 若每两次陈列的商品不完全相同, 则最多可陈列（　）.

A. 3 000 次　　B. 3 003 次　　C. 4 000 次

D. 4 003 次　　E. 4 300 次

6. 甲、乙、丙三个地区的公务员参加一次测评, 其人数和考分情况如下表所列:

人数 分数 / 地区	6	7	8	9
甲	10	10	10	10
乙	15	15	10	20
丙	10	10	15	15

则三个地区按平均分由高到低的排名顺序是（　）.

A. 乙、丙、甲　　B. 乙、甲、丙　　C. 甲、丙、乙

D. 丙、甲、乙　　E. 丙、乙、甲

7. 经统计，某机场的一个安检口每天中午办理安检手续的乘客人数及相应的概率如下表所列:

乘客人数	0～5	6～10	11～15	16～20	21～25	25 以上
概率	0.1	0.2	0.2	0.25	0.2	0.05

则该安检口 2 天中至少有 1 天中午办理安检手续的乘客人数超过 15 的概率是（　）.

A. 0.2　B. 0.25　C. 0.4　D. 0.5　E. 0.75

8. 某人在保险柜中存放了 M 元现金，第一天取出它的 $\frac{2}{3}$，以后每天取出前一天所取的 $\frac{1}{3}$，共取了 7 天，保险柜中剩余的现金为（　）.

A. $\frac{M}{3^7}$ 元　B. $\frac{M}{3^6}$ 元　C. $\frac{2M}{3^6}$ 元

D. $\left[1-\left(\frac{2}{3}\right)^7\right]M$ 元　E. $\left[1-7\left(\frac{2}{3}\right)^7\right]M$ 元

9. 在直角坐标系中，若平面区域 D 中所有点的坐标 (x, y) 均满足 $0\leqslant x\leqslant 6$, $0\leqslant y\leqslant 6$, $|y-x|\leqslant 3$, $x^2+y^2\geqslant 9$，则 D 的面积是（　）.

A. $\frac{4}{9}(1+4\pi)$　B. $9(4-\frac{\pi}{4})$　C. $9(3-\frac{\pi}{4})$

D. $\frac{9}{4}(2+\pi)$　E. $\frac{9}{4}(1+\pi)$

10. 某单位春季植树 100 棵，前 2 天安排乙组植树，其余任务由甲、乙两组用 3 天完成，已知甲组每天比乙组多植树 4 棵，则甲组每天植树（　）.

A. 11 棵　B. 12 棵　C. 13 棵　D. 15 棵　E. 17 棵

11. 在两队进行的羽毛球对抗赛中，每队派出 3 男 2 女共 5 名运动员进行 5 局单打比赛，如果女子比赛安排在第二局和第四局进行，则每队队员的不同出场顺序有（　）.

A. 12 种　B. 10 种　C. 8 种　D. 6 种　E. 4 种

12. 若 x^3+x^2+ax+b 能被 x^2-3x+2 整除，则（　）.

A. $a=4, b=4$　B. $a=-4, b=-4$　C. $a=10, b=-8$

D. $a=-10,b=8$　　E. $a=2,b=0$

13. 某公司计划运送180台电视机和110台洗衣机下乡. 现有两种货车, 甲种货车每辆最多可载40台电视机和10台洗衣机, 乙种货车每辆最多可载20台电视机和20台洗衣机. 已知甲、乙两种货车的租金分别是每辆400元和360元, 则最少的运费是（　）.

A. 2 560元　　B. 2 600元　　C. 2 640元

D. 2 680元　　E. 2 720元

14. 如图所示, 三个边长为1的正方形所组成区域（实线区域）的面积为（　）.

A. $3-\sqrt{2}$　　B. $3-\frac{3\sqrt{2}}{4}$

C. $3-\sqrt{3}$　　D. $3-\frac{\sqrt{3}}{2}$

E. $3-\frac{3\sqrt{3}}{4}$

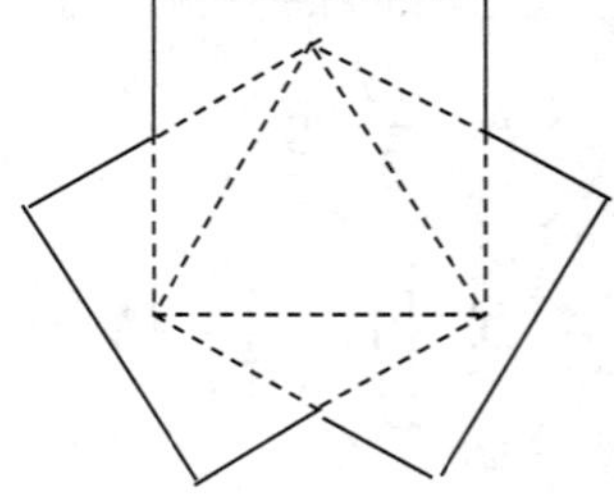

15. 如图所示, ΔABC是直角三角形, S_1, S_2, S_3为正方形. 已知a,b,c分别是S_1, S_2, S_3的边长, 则（　）.

A. $a=b+c$　　B. $a^2=b^2+c^2$

C. $a^2=2b^2+2c^2$　　D. $a^3=b^3+c^3$

E. $a^3=2b^3+2c^3$

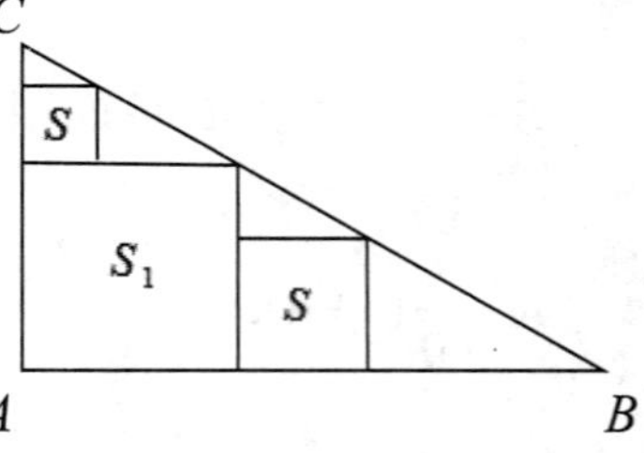

二、条件充分性判断：第16～25小题，每小题3分，共30分。要求判断每题给出的条件（1）和条件（2）能否充分支持题干所陈述的结论。A、B、C、D、E五个选项为判断结果，请选择一项符合试题要求的判断。

（A）条件（1）充分, 但条件（2）不充分.

（B）条件（2）充分, 但条件（1）不充分.

（C）条件（1）和条件（2）单独都不充分, 但条件（1）和条件（2）联合起来充分.

（D）条件（1）充分, 条件（2）也充分.

（E）条件（1）和条件（2）单独都不充分, 条件（1）和条件（2）联合起来也不充分.

16. 一元二次方程$x^2+bx+1=0$有两个不同实根.

（1）$b<-2$.

（2）$b>2$.

17. 直线 $y=ax+b$ 过第二象限.

（1） $a=-1$, $b=1$.

（2） $a=1$, $b=-1$.

18. 数列 $\{a_n\}$, $\{b_n\}$ 分别为等比数列和等差数列, $a_1=b_1=1$, 则 $b_2 \geqslant a_2$.

（1） $a_2>0$.

（2） $a_{10}=b_{10}$.

19. 某产品由两道独立工序加工完成,则该产品是合格品的概率大于0.8.

（1）每道工序的合格率为0.81.

（2）每道工序的合格率为0.9.

20. 已知 m,n 是正整数,则 m 是偶数.

（1）$3m+2n$ 是偶数.

（2）$3m^2+2n^2$ 是偶数.

21. 已知 a,b 是实数,则 $a>b$.

（1） $a^2>b^2$.

（2） $a^2>b$.

22. 在某次考试中,3道题中答对2道即为及格,假设某人答对各题的概率相同,则此人及格的概率是 $\frac{20}{27}$.

（1）答对各题的概率为 $\frac{2}{3}$.

（2）3道题全部答错的概率为 $\frac{1}{27}$.

23. 已知三种水果的平均价格为10元/千克,则每种水果的价格均不超过18元/千克.

（1）三种水果中价格最低的为6元/千克.

（2）购买重量分别是1千克、1千克和2千克的三种水果共用了46元.

24. 某用户要建一个长方形的羊栏,则羊栏的面积大于 $500\,\mathrm{m}^2$.

（1）羊栏的周长为 120 m .

（2）羊栏对角线的长不超过 50 m .

25. 直线 $y=x+b$ 是抛物线 $y=x^2+a$ 的切线.

（1） $y=x+b$ 与 $y=x^2+a$ 有且仅有一个交点.

（2） $x^2-x\geqslant b-a\ (x\in R)$.

三、逻辑推理：第 26～55 小题，每小题 2 分，共 60 分。下列每题给出的 A、B、C、D、E 五个选项中，只有一项是符合试题要求的。

26. 1991 年 6 月 15 日，菲律宾吕宋岛上的皮纳图博火山突然大喷发，2000 万吨二氧化硫气体冲入平流层，形成的霾像毯子一样盖在地球上空，把部分要照射到地球的阳光反射回太空。几年之后，气象学家发现这层霾使得当时地球表面的温度累计下降了 0. 5 摄氏度。而皮纳图博火山喷发前的一个世纪，因人类活动而造成的温室效应已经使地球表面温度升高了 1 摄氏度。某位持“人工气候改造论”的科学家据此认为，可以用火箭弹等方式将二氧化硫充入大气层，阻挡部分阳光，达到给地球表面降温的目的。

以下哪项如果为真，最能对科学家提议的有效性构成质疑？

A. 如果利用火箭弹将二氧化硫充入大气层，会导致航空乘客呼吸不适。

B. 如果在大气层上空放置反光物，就可以避免地球表面受到强烈阳光的照射。

C. 可以把大气中的碳提取出来存储在地下，减少大气层中的碳含量。

D. 不论何种方式，“人工气候改造论”都将破坏地球大气层的结构。

E. 火山喷发形成的降温效应只是暂时的，经过一段时间温度将再次回升。

27. 近期流感肆虐，一般流感患者可采用抗病毒药物治疗。虽然并不是所有流感者均需接受达菲等抗病毒药物的治疗，但不少医生仍强烈建议老人、儿童等易出现严重症状的患者用药。

以上陈述为真，则以下哪项一定为假？

I. 有些流感患者需接受达菲等抗病药物的治疗。

II. 并非有的流感患者不需接受抗病药物的治疗。

III. 老人、儿童等易出现严重症状的患者不需要用药。

A. 仅I。

B. 仅II。

C. 仅III。

D. 仅I、II。

E. 仅II、III。

28. 某公司规定，在一个月内，除非每个工作日都出勤，否则任何员工都不可能既获得当月绩效工资，又获得奖励工资。

以下哪项与上述规定的意思最为接近？

A. 在一个月内，任何员工如果所有的工作日不缺勤，必然既获得当月绩效工资，又获得奖励工资。

B. 在一个月内，任何员工如果所有的工作日不缺勤，都有可能既获得当月绩效工资，又获得奖励工资。

C. 在一个月内，任何员工如果有某个工作日缺勤，仍有可能获得当月绩效工资，或者获得奖励工资。

D. 在一个月内，任何员工如果有某个工作日缺勤，必然或者得不了当月绩效工资，或者得不了奖励工资。

E. 在一个月内，任何员工如果所有工作日缺勤，必然既得不了当月绩效工资，又得不了奖励工资。

29. 只有具有一定文学造诣且具有生物学专业背景的人，才能读懂这篇文章。

如果上述命题为真，以下哪项不可能为真？

A. 小张没有读懂这篇文章，但他的文学造诣是大家所公认的。

B. 计算机专业的小王没有读懂这篇文章。

C. 从未接触过生物学知识的小李读懂了这篇文章。

D. 小周具有生物学专业背景，但他没有读懂这篇文章。

E. 生物学博士小赵读懂了这篇文章。

30. 经过反复核查，质检员小李向厂长汇报说："726 车间生产的产品都是合格的，所以不合格的产品都不是 726 车间生产的。"

以下哪项和小李的推理结构最为相似？

A. 所有入场的考生都经过了体温测试，所以能入场的考生都没有经过体温测试。

B. 所有出厂设备都是检测合格的，所以检测合格的设备都已出厂。

C. 所有已发文章都是认真校对过的，所以认真校对过的文章都已发表。

D. 所有真理都是不怕批评的，所以怕批评的都不是真理。

E. 所有不及格的学生都没有好好复习，所以没好好复习的学生都不及格。

31. 王涛和周波是理科（1）班同学，他们是无话不说的好朋友。他们发现班里每一个人或者喜欢物理，或者喜欢化学。王涛喜欢物理，周波不喜欢化学。

根据以上陈述，以下哪项必定为真？

I. 周波喜欢物理。

II. 王涛不喜欢化学。

III. 理科（1）班不喜欢物理的人喜欢化学。

IV. 理科（1）班一半人喜欢物理，一半人喜欢化学。

A. 仅I。
B. 仅III。
C. 仅I、II。
D. 仅I、III。
E. 仅II、III、IV。

32. 李明、王兵、马云三位股民对股票A和股票B分别做了如下预测：
李明：只有股票A不上涨，股票B才不上涨。
王兵：股票A和股票B至少有一个不上涨。
马云：股票A上涨当且仅当股票B上涨。
若三人的预测都为真，则以下哪项符合他们的预测？
A. 股票A上涨，股票B不上涨。
B. 股票A不上涨，股票B上涨。
C. 股票A和股票B均上涨。
D. 股票A和股票B均不上涨。
E. 只有股票A上涨，股票B才不上涨。

33. 临江市地处东部沿海，下辖临东、临西、江南、江北四个区。近年来，文化旅游产业成为该市的经济增长点。2010年，该市一共吸引全国数十万人次游客前来参观旅游。12月底，关于该市四个区吸引游客人数多少的排名，各位旅游局长做了如下预测：
临东区旅游局长：如果临西区第三，那么江北区第四；
临西区旅游局长：只有临西区不是第一，江南区才是第二；
江南区旅游局长：江南区不是第二；
江北区旅游局长：江北区第四。
最终的统计表明，只有一位局长的预测符合事实，则临东区当年吸引游客人次的排名是：
A. 第一。
B. 第二。
C. 第三。
D. 第四。
E. 在江北区之前。

34. 小张是某公司营销部的员工。公司经理对他说："如果你争取到这个项目，我就奖励你一台笔记本电脑或者给你项目提成。"
以下哪项如果为真，说明该经理没有兑现承诺？
A. 小张没有争取到这个项目，该经理没有给他项目提成，但送了他一台笔记本电脑。
B. 小张没有争取到这个项目，该经理没有奖励给他笔记本电脑，也没给他项目提成。
C. 小张争取到了这个项目，该经理给他项目提成，但并未奖励他笔记本电脑。
D. 小张争取到了这个项目，该经理奖励他一台笔记本电脑并给他三天假期。

E. 小张争取到了这个项目，该经理未给他项目提成，但奖励了他一台台式电脑。

35.《文化新报》记者小白周四去某市采访陈教授与王研究员。次日，其同事小李问小白：“昨天你采访到那两位学者了吗？”小白说：“不，没那么顺利。”小李又问：“那么，你一个都没采访到？”小白说：“也不是。”

以下哪项最有可能是小白周四采访所发生的真实情况？

A. 小白采访到了两位学者。

B. 小白采访了李教授，但没有采访王研究员。

C. 小白根本没有去采访两位学者。

D. 两位采访对象都没有接受采访。

E. 小白采访到了其中一位，但是没有采访到另一位。

36. 只有通过身份认证的人才允许上公司内网，如果没有良好的业绩就不可能通过身份认证，张辉有良好的业绩而王纬没有良好的业绩。

如果上述断定为真，则以下哪项一定为真？

A. 允许张辉上公司内网。

B. 不允许王纬上公司内网。

C. 张辉通过身份认证。

D. 有良好的业绩，就允许上公司内网。

E. 没有通过身份认证，就说明没有良好的业绩。

37. 比较文字学者张教授认为，在不同的民族语言中，字形与字义的关系有不同的表现。他提出，汉字是象形文字，其中大部分的是形声字，这些字的字形与字义相互关联；而英语是拼音文字，其字形与字义往往关联度不大，需要某种抽象的理解。

以下哪项如果为真，最不符合张教授的观点？

A. 汉语中的“日”“月”是象形字，从字形可以看出其所指的对象；而英语中的 sun 与 moon 则感觉不到这种形义结合。

B. 汉语中的“日”与“木”结合，可以组成“東”“杲”“杳”等不同的字，并可以猜测其语义。而英语中则不存在与此类似的 sun 与 wood 的结合。

C. 英语中，也有与汉语类似的象形文字，如 eye 是人的眼睛的象形，两个 e 代表眼睛，y 代表中间的鼻子；bed 是床的象形，b 和 d 代表床的两端。

D. 英语中的 sunlight 与汉语中的“阳光”相对应，而英语的 sun 与 light 和汉语中的“阳”与“光”相对应。

E. 汉语的“星期三”与英语中的 Wednesday 和德语中的 Mitwoch 意思相同。

38. 乘客使用手机及便携式电子设备会通过电磁波谱频繁传输信号，机场的无线电话和导航网络等也会使用电磁波谱，但电信委员会已根据不同用途把电磁波谱分成了几大块。因此，用手机打电话不会对专供飞机通信系统或全球定位系统使用的波段造成干扰。尽管如此，各大航空公司仍然规定，禁止机上乘客使用手机等电子设备。

以下哪项如果为真，能解释上述现象？

I．乘客在空中使用手机等电子设备可能对地面导航网络造成干扰。

II．乘客在起飞和降落时使用手机等电子设备，可能影响机组人员工作。

III．便携式电脑或者游戏设备可能导致自动驾驶仪出现断路或仪器显示发生故障。

A．仅I。

B．仅II。

C．仅I、II。

D．仅II、III。

E．I、II和III。

39. 2010年上海世博会盛况空前，200多个国家场馆和企业主题馆让人目不暇接。大学生王刚决定在学校放暑假的第二天前往世博会参观。前一天晚上，他特别上网查看了各位网友相对热门场馆选择的建议，其中最吸引王刚的有三条：

（1）如果参观沙特馆，就不参观石油馆；

（2）石油馆和中国国家馆择一参观；

（3）中国国家馆和石油馆不都参观。

实际上，第二天王刚的世博会行程非常紧凑，他没有接受上述三条建议中的任何一条。

关于王刚所参观的热门场馆，以下哪项描述正确？

A．参观沙特馆、石油馆，没有参观中国国家馆。

B．沙特馆、石油馆、中国国家馆都参观了。

C．沙特馆、石油馆、中国国家馆都没有参观。

D．没有参观沙特馆，参观石油馆和中国国家馆。

E．没有参观石油馆，参观沙特馆、中国国家馆。

40. 经理说：“有了自信不一定赢”。董事长回应说：“但是没有自信一定会输。”

以下哪项与董事长的意思最为接近？

A．不输即赢，不赢即输。

B．如果自信，则一定会赢。

C．只有自信，才可能不输。

D．除非自信，否则不可能输。

E．只有赢了，才可能更自信。

41. 在家电产品“三下乡”活动中，某销售公司的产品受到了农村居民的广泛欢迎。该公司总经理在介绍经验时表示：只有用最流行畅销的明星产品面对农村居民，才能获得他们的青睐。

以下哪项如果为真，最能质疑总经理的论述？

A．某品牌电视由于其较强的防潮能力，尽管不是明星产品，仍然获得了农村居民的青睐。

B．流行畅销的明星产品由于价格偏高，没有赢得农村居民的青睐。

C．流行畅销的明星产品只有质量过硬，才能获得农村居民的青睐。

D．有少数娱乐明星为某些流行畅销的产品做虚假广告。

E．流行畅销的明星产品最适合城市中的白领使用。

42．居民苏女士在菜市场看到某摊位出售的鹌鹑蛋色泽新鲜、形态圆润，且价格便宜，于是买了一箱。回家后发现有些鹌鹑蛋打不破，甚至丢在地上也摔不坏，再细闻已经打破的鹌鹑蛋，有一股刺鼻的消毒液味道。她投诉至菜市场管理部门，结果一位工作人员声称鹌鹑蛋目前还没有国家质量标准，无法判定它有质量问题，所以他坚持这箱鹌鹑蛋没有质量问题。

以下哪项与该工作人员做出结论的方式最为相似？

A．不能证明宇宙是没有边际的，所以宇宙是有边际的。

B．“驴友论坛”还没有论坛规范，所以管理人员没有权利删除帖子。

C．小偷在逃跑途中跳入2米深的河中，事主认为没有责任，因此不予施救。

D．并非外星人不存在，所以外星人存在。

E．慈善晚会上的假唱行为不属于商业管理范围，因此相关部门无法对此进行处罚。

43．概念A与概念B之间有交叉关系，当且仅当：（1）存在对象x，x既属于A又属于B；（2）存在对象y，y属于A但不属于B；（3）存在对象z，z属于B但是不属于A。

根据上述定义，以下哪项中的两个概念之间有交叉关系？

A．国画按题材分主要有人物画、花鸟画、山水画等；按技法分主要有工笔画和写意画等。

B．《盗梦空间》除了是最佳影片的有力争夺者外，它在技术类奖项的争夺中也将有所斩获。

C．洛邑小学30岁的食堂总经理为了改善伙食，在食堂放了几个意见本，征求学生们的意见。

D．在微波炉清洁剂中加入漂白剂，就会释放出氯气。

E．高校教师包括教授、副教授、讲师和助教等。

44．小李将自家护栏边的绿地毁坏，种上了黄瓜。小区物业管理人员发现后，提醒小李：护栏边的绿地是公共绿地，属于小区的所有人。物业为此下发了整改通知书，要求小李限期恢复绿地。小李对此辩称：“我难道不是小区的人吗？护栏边的绿地既然属于小区的所有人，当然也属于我。因此，我有权在自己的土地上种黄瓜。”

以下哪项论证，和小李的错误最为相似？

A．所有人都要对他的错误行为负责，小梁没有对他的这次行为负责，所以小梁的这次行为没有错误。

B．所有参展的兰花在这次博览会上被订购一空，李阳花大价钱买了一盆花，由此可见，李阳买的必定是兰花。

C．没有人能够一天读完大仲马的所有作品，没有人能够一天读完《三个火枪手》，因此，《三个火枪手》是大仲马的作品之一。

D．所有莫尔碧骑士组成的军队在当时的欧洲是不可战胜的，翼雅王是莫尔碧骑士之一，所以翼雅王在当时的欧洲是不可战胜的。

E．任何一个人都不可能掌握当今世界的所有知识，地心说不是当今世界的知识，因此，有些人可以掌握地心说。

45. 我国著名的地质学家李四光，在对东北的地质结构进行了长期、深入的调查研究后发现，松辽平原的地质结构与中亚细亚极其相似。他推断，既然中亚细亚蕴藏大量的石油，那么松辽平原很可能也蕴藏着大量的石油。后来，大庆油田的开发证明了李四光的推断是正确的。

以下哪项与李四光的推理方式最为相似？

A. 他山之石，可以攻玉。

B. 邻居买彩票中了大奖，小张受此启发，也去买了体育彩票，结果没有中奖。

C. 某乡镇领导在考察了荷兰等地的花卉市场后认为要大力发展规模经济，回来后组织全乡镇种大葱，结果导致大葱严重滞销。

D. 每到炎热的夏季，许多商店都腾出一大块地方卖羊毛衫、长袖衬衣、冬靴等冬令商品，进行反季节销售，结果都很有市场。小王受此启发，决定在冬季种植西瓜。

E. 乌兹别克地区盛产长绒棉。新疆塔里木河流域与乌兹别克地区在日照情况、霜期长短、气温高低、降雨量等方面均相似，科研人员受此启发，将长绒棉移植到塔里木河流域，果然获得了成功。

46. 如果他勇于承担责任，那么他就一定会直面媒体，而不是选择逃避；如果他没有责任，那么他就一定会聘请律师，捍卫自己的尊严。可是事实上，他不仅没有聘请律师，现在逃得连人影都不见了。

根据以上陈述，可以得出以下哪项结论？

A. 即使他没有责任，也不应该选择逃避。

B. 虽然选择了逃避，但是他可能没有责任。

C. 如果他有责任，那么他应该勇于承担责任。

D. 如果他不敢承担责任，那么说明他责任很大。

E. 他不仅有责任，而且他没有勇气承担责任。

47. 有些通信网络维护涉及个人信息安全，因而，不是所有通信网络的维护都可以外包。

以下哪项可以使上述论证成立？

A. 所有涉及个人信息安全的都不可以外包。

B. 有些涉及个人信息安全的不可以外包。

C. 有些涉及个人信息安全的可以外包。

D. 所有涉及国家信息安全的都不可以外包。

E. 有些通信网络维护涉及国家信息安全。

48. 葡萄酒中含有白藜芦醇和类黄酮等对心脏有益的抗氧化剂。一项新研究表明，白藜芦醇能防止骨质疏松和肌肉萎缩。由此，有关研究人员推断，那些长时间在国际空间站或宇宙飞船上的宇航员或许可以补充一下白藜芦醇。

以下哪项如果为真，最能支持上述研究人员的推断？

A. 研究人员发现由于残疾或者其他因素而很少活动的人，会比经常活动的人更容易出现骨质疏松和肌肉萎缩等症状，如果能喝点葡萄酒，则可以获益。

B. 研究人员模拟失重状态，对老鼠进行试验，一个对照组未接受任何特殊处理，另一组则每天服用白藜芦醇。结果对照组的老鼠骨头和肌肉的密度都降低了，而服用白藜芦醇的一组则没有出现这些症状。

C. 研究人员发现由于残疾或者其他因素而很少活动的人，如果每天服用一定量的白藜芦醇，则可以改善骨质疏松和肌肉萎缩等症状。

D. 研究人员发现，葡萄酒能对抗失重所造成的负面影响。

E. 某医学博士认为，白藜芦醇或许不能代替锻炼，但它能减缓人体某些机能的退化。

49. 一般商品只有在多次流通过程中才能不断增值，但艺术品作为一种特殊商品却体现出了与一般商品不同的特征。在拍卖市场上，有些古玩、字画的成交价有很大的随机性，往往会直接受到拍卖现场气氛、竞价激烈程度、买家心理变化等偶然因素的影响，成交价有时会高于底价几十倍乃至数百倍，使得艺术品在一次“流通”中实现大幅度增值。

以下哪项最无助于解释上述现象？

A. 艺术品的不可再造性决定了其交换价格有可能超过其自身价值。

B. 不少买家喜好收藏，抬高了艺术品的交易价格。

C. 有些买家就是为了炒作艺术品，以期获得高额利润。

D. 虽然大量赝品充斥市场，但是对艺术品的交易价格没有什么影响。

E. 国外资金进入艺术品拍卖市场，对价格攀升起到了拉动作用。

50. 近期国际金融危机对毕业生的就业影响非常大，某高校就业中心的陈老师希望广大同学能够调整自己的心态和预期。他在一次就业指导会上提到，有些同学对自己的职业定位还不够准确。

如果陈老师的陈述为真，则以下哪项不一定为真？

I. 不是所有人对自己的职业定位都准确。

II. 不是所有人对自己的职业定位都不够准确。

III. 有些人对自己的职业定位准确。

IV. 所有人对自己的职业定位都不够准确。

A. 仅II和IV。

B. 仅III和IV。

C. 仅II和III。

D. 仅I、II和III。

E. 仅II、III和IV。

51. 一位房地产信息员通过对某地的调查发现：护城河两岸房屋的租金都比较低廉；廉租房都坐落在凤凰山北麓；东向的房屋都是别墅；非廉租房不可能具有低廉的租金；有些单室套的两限房建在凤凰山北麓；别墅也都建筑在凤凰山南麓。

根据该房地产信息员的调查，以下哪项不可能存在？

A. 东向的护城河两岸的房屋。
B. 凤凰山北麓的两限房。
C. 单室套的廉租房。
D. 护城河两岸的单室套。
E. 南向的廉租房。

52. 探望病人通常会送上一束鲜花，但某国曾有报道说，医院花瓶的水可能含有很多细菌，鲜花会在夜间与病人争夺氧气，还可能影响病房里电子设备的工作。这引起了人们对鲜花的恐慌，该国一些医院甚至禁止在病房内摆放鲜花。尽管后来证实鲜花并未导致更多的病人受感染，并且权威部门也澄清，未见任何感染病例与病房里的植物有关，但这并未减轻医院对鲜花的反感。以下除哪项外，都能减轻医院对鲜花的担心？
A. 鲜花并不比病人身边的餐具、饮料和食物带有更多可能危害病人健康的细菌。
B. 在病房里放置鲜花让病人感到心情愉悦、精神舒畅，有助于病人康复。
C. 给鲜花换水、修剪需要一定的人工，如果花瓶倒了还会导致危险产生。
D. 已有研究证明，鲜花对病房空气的影响微乎其微，可以忽略不计。
E. 探望病人所送的鲜花大都花束小、需水量少、花粉少，不会影响电子设备工作。

53～55 题基于以下题干：
东宇大学公开招聘 3 个教师职位，哲学学院、管理学院和经济学院各一个。每个职位都有分别来自南山大学、西京大学、北清大学的候选人。有位“聪明”人士李先生对招聘结果做出了如下预测：
（1）如果哲学学院录用北清大学的候选人，那么管理学院录用西京大学的候选人；
（2）如果管理学院录用南山大学的候选人，那么哲学学院也录用南山大学的候选人；
（3）如果经济学院录用北清大学或者西京大学的候选人，那么管理学院录用北清大学的候选人。

53. 如果哲学学院、管理学院和经济学院最终录用的候选人的大学归属信息依次如下，则哪项符合李先生的预测？
A. 南山大学、南山大学、西京大学。
B. 北清大学、南山大学、南山大学。
C. 北清大学、北清大学、南山大学。
D. 西京大学、北清大学、南山大学。
E. 西京大学、西京大学、西京大学。

54. 若哲学学院最终录用西京大学的候选人，则以下哪项表明李先生的预测错误？
A. 管理学院录用北清大学候选人。
B. 管理学院录用南山大学候选人。
C. 经济学院录用南山大学候选人。
D. 经济学院录用北清大学候选人。
E. 经济学院录用西京大学候选人。

55. 如果三个学院最终录用的候选人分别来自不同的大学，则以下哪项符合李先生的预测？

A. 哲学学院录用西京大学候选人，经济学院录用北清大学候选人。

B. 哲学学院录用南山大学候选人，管理学院录用北清大学候选人。

C. 哲学学院录用北清大学候选人，经济学院录用西京大学候选人。

D. 哲学学院录用西京大学候选人，管理学院录用南山大学候选人。

E. 哲学学院录用南山大学候选人，管理学院录用西京大学候选人。

四、写作：第56～57小题，共65分。其中论证有效性分析30分，论说文35分。

56. 论证有效性分析：分析下述论证中存在的缺陷和漏洞，选择若干要点，写一篇600字左右的文章，对该论证的有效性进行分析和评论。（论证有效性分析的一般要点是：概念特别是核心概念的界定和使用是否准确并前后一致，有无各种明显的逻辑错误，论证的论据是否成立并支持结论，结论成立的条件是否充分，等等。）

地球的气候变化已经成为当代世界关注的热点。这一问题看似复杂，其实简单。只要我们运用科学原理——如爱因斯坦的相对论——去对待，也许就会找到解决这一问题的方法。

众所周知，爱因斯坦提出的相对论颠覆了人类关于宇宙和自然的常识性观念。不管是狭义相对论还是广义相对论，都揭示了宇宙间事物运动中普遍存在的相对性。

既然宇宙间万物的运动都是相对的，那么我们观察问题时也应该采用相对的方法，如变换视角等等。

假如我们变换视角去看一些问题，也许会得出和一般常识完全不同的观点。例如，我们称之为灾害的那些自然现象，包括海啸、地震、台风、暴雨等等。其实也是大自然本身的一般现象而已，从大自然的视角来看，无所谓灾害不灾害。只是当它损害了人类利益，危及了人类生存的时候，从人类的视角来看，我们才称之为灾害。

假如再变换一下视角，从一个更广泛的范围来看，连我们人类自己也是大自然的一个部分。既然我们的祖先是类人猿，而类人猿正像大熊猫、华南虎、藏羚羊、扬子鳄乃至银杏、水杉、五针松等一样，是整个自然生态中的有机组成部分，那为什么我们自己就不是了呢？

由此可见，人类的问题就是大自然的问题，即使人类在某一时刻部分地改变了气候，也还是整个大自然系统中的一个自然问题，自然问题自然会解决，人类不必过于干涉。

57. 根据以下材料，写一篇700字左右的论说文，自拟题目。

中国现代著名哲学家熊十力先生在《十力语要》（卷一）中说："吾国学人，总好追逐风气，一时之风尚，则群起而趋其途，如海上逐臭之夫，莫名所以。曾无一刹那，风气或变，而逐臭者复如故。此等逐臭之习，有两大病。一、各人无牢固与永久不改之业，遇事无从深入，徒养成浮动性。二、大家共趋于世所矜尚之一途，则其余千途万途，一切废弃，无人过问。此两大病，都是中国学人死症。"

2012年综合真题答案

一、问题求解

1. C	2. B	3. C	4. B	5. B
6. E	7. E	8. A	9. C	10. D
11. A	12. D	13. B	14. E	15. A

二、条件充分性判断

16. D	17. A	18. C	19. B	20. D
21. E	22. D	23. D	24. C	25. A

三、逻辑推理

26. E	27. B	28. D	29. C	30. D
31. D	32. D	33. D	34. E	35. E
36. B	37. C	38. E	39. B	40. C
41. C	42. A	43. A	44. D	45. E
46. E	47. A	48. B	49. D	50. E
51. A	52. C	53. D	54. B	55. B

四、写作

见解析。

详细解析和精讲

扫码查看2012年
综合真题解析

扫码观看综合真题
同步直播课程

绝密★启用前
综合试卷

2011年全国硕士研究生入学统一考试

综合能力

（科目代码：199）

研考 综合 试卷条形码

○考生注意事项○

1. 答题前，考生须在试题册指定位置上填写考生编号和考生姓名；在答题卡指定位置上填写报考单位、考生姓名和考生编号，并涂写考生编号信息点。
2. 考生须把试题册上的“试卷条形码”粘贴条取下，粘贴在答题卡的试卷条形码粘贴位置框中。不按规定粘贴条形码而影响评卷结果的，责任由考生自负。
3. 选择题的答案必须涂写在答题卡相应题号的选项上，非选择题的答案必须书写在答题卡指定位置的边框区域内。超出答题区域书写的答案无效；在草稿纸、试题册上答题无效。
4. 填(书)写部分必须使用黑色签字笔书写，字迹工整、笔迹清楚；涂写部分必须使用2B铅笔填涂。
5. 考试结束，将答题卡按规定交回。

（以下信息考生必须认真填写）

考生编号														
考生姓名														

一、问题求解：第 1～15 小题，每小题 3 分，共 45 分。下列每题给出的 A、B、C、D、E 五个选项中，只有一项是符合试题要求的。

1. 已知船在静水中的速度为28km/h, 水流的速度为2km/h. 则此船在相距78km的两地间往返一次所需时间是（　）.

A. 5.9 h　　B. 5.6 h　　C. 5.4 h　　D. 4.4 h　　E. 4 h

2. 若实数a,b,c满足$|a-3|+\sqrt{3b+5}+(5c-4)^2=0$, 则$abc$=（　）.

A. -4　　B. $-\frac{5}{3}$　　C. $-\frac{4}{3}$　　D. $\frac{4}{5}$　　E. 3

3. 某年级 60 名学生中, 有 30 人参加合唱团, 45 人参加运动队, 其中参加合唱团而未参加运动队的有 8 人, 则参加运动队而未参加合唱团的有（　）.

A. 15 人　　B. 22 人　　C. 23 人　　D. 30 人　　E. 37 人

4. 现有一个半径为R的球体, 拟用刨床将其加工成正方体, 则能加工成的最大正方体的体积是（　）.

A. $\frac{8}{3}R^3$　　B. $\frac{8\sqrt{3}}{9}R^3$　　C. $\frac{4}{3}R^3$

D. $\frac{1}{3}R^3$　　E. $\frac{\sqrt{3}}{9}R^3$

5. 2007 年, 某市的全年研究与试验发展（R&D）经费支出 300 亿元, 比 2006 年增长 20%, 该市的 GDP 为10 000亿元, 比2006年增长 10%. 2006年, 该市的R&D经费支出占当年GDP的（　）.

A. 1.75%　　B. 2%　　C. 2.5%　　D. 2.75%　　E. 3%

6. 现从5名管理专业、4名经济专业和1名财会专业的学生中随机派出一个3人小组, 则该小组中 3 个专业各有 1 名学生的概率为（　）.

A. $\frac{1}{2}$　　B. $\frac{1}{3}$　　C. $\frac{1}{4}$　　D. $\frac{1}{5}$　　E. $\frac{1}{6}$

7. 一所四年制大学每年的毕业生7月份离校, 新生9月份入学, 该校2001年招生2 000名, 之后每年比上一年多招 200 名, 则该校 2007 年 9 月底的在校学生有（　）.

A. 14 000 名　　B. 11 600 名　　C. 9 000 名

D. 6 200 名　　E. 3 200 名

8. 将 2 只红球与 1 只白球随机地放入甲、乙、丙三个盒子中,则乙盒中至少有 1 只红球的概率为（　）.

A. $\frac{1}{8}$　　B. $\frac{8}{27}$　　C. $\frac{4}{9}$　　D. $\frac{5}{9}$　　E. $\frac{17}{27}$

9. 如图所示,四边形 $ABCD$ 是边长为 1 的正方形,弧 AOB, BOC, COD, DOA 均为半圆,则阴影部分的面积为（　）.

A. $\frac{1}{2}$　　B. $\frac{\pi}{2}$

C. $1-\frac{\pi}{4}$　　D. $\frac{\pi}{2}-1$

E. $2-\frac{\pi}{2}$

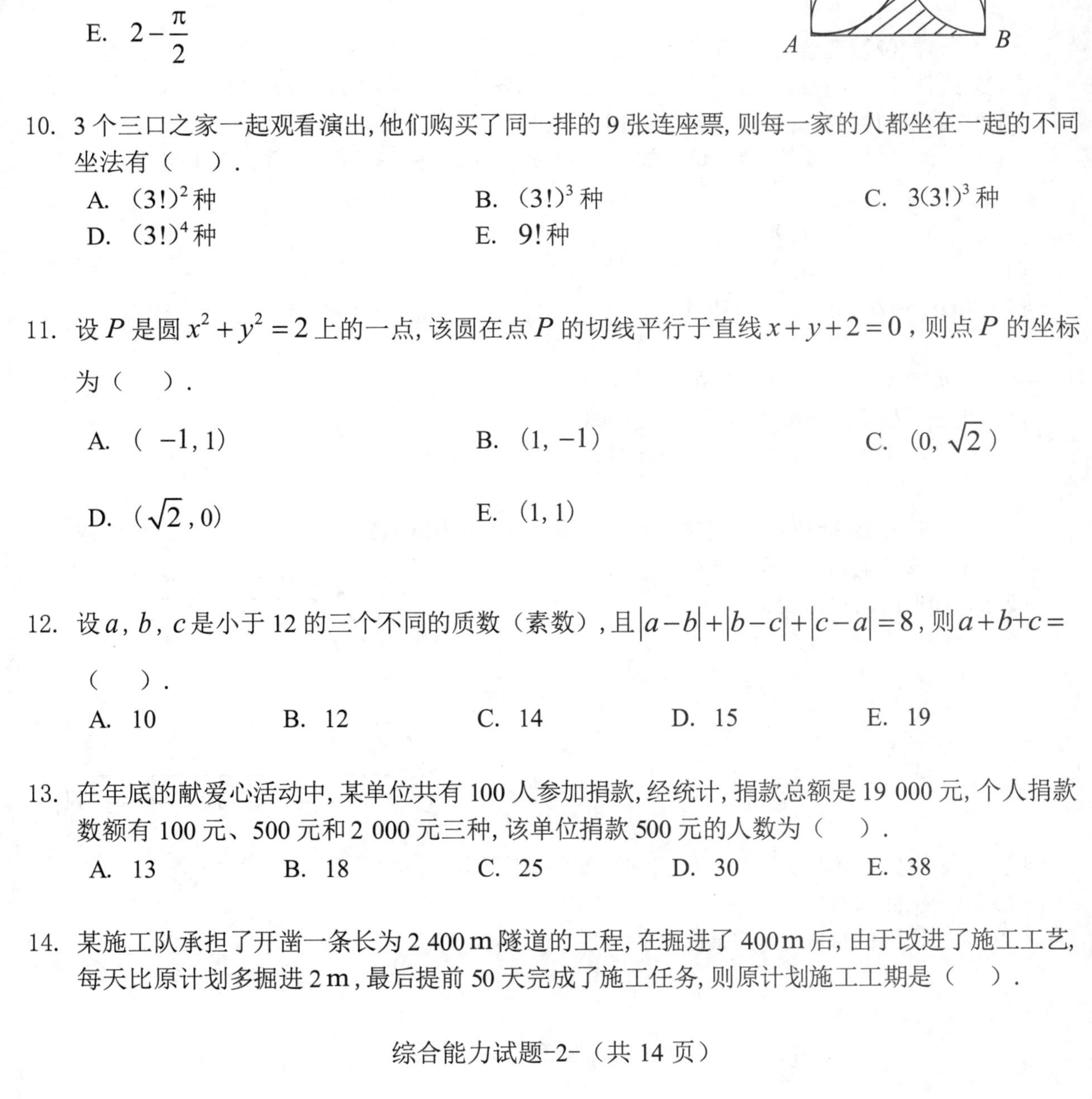

10. 3 个三口之家一起观看演出,他们购买了同一排的 9 张连座票,则每一家的人都坐在一起的不同坐法有（　）.

A. $(3!)^2$ 种　　B. $(3!)^3$ 种　　C. $3(3!)^3$ 种

D. $(3!)^4$ 种　　E. $9!$ 种

11. 设 P 是圆 $x^2+y^2=2$ 上的一点,该圆在点 P 的切线平行于直线 $x+y+2=0$,则点 P 的坐标为（　）.

A. $(-1, 1)$　　B. $(1, -1)$　　C. $(0, \sqrt{2})$

D. $(\sqrt{2}, 0)$　　E. $(1, 1)$

12. 设 a, b, c 是小于 12 的三个不同的质数（素数）,且 $|a-b|+|b-c|+|c-a|=8$,则 $a+b+c=$（　）.

A. 10　　B. 12　　C. 14　　D. 15　　E. 19

13. 在年底的献爱心活动中,某单位共有 100 人参加捐款,经统计,捐款总额是 19 000 元,个人捐款数额有 100 元、500 元和 2 000 元三种,该单位捐款 500 元的人数为（　）.

A. 13　　B. 18　　C. 25　　D. 30　　E. 38

14. 某施工队承担了开凿一条长为 2 400 m 隧道的工程,在掘进了 400 m 后,由于改进了施工工艺,每天比原计划多掘进 2 m,最后提前 50 天完成了施工任务,则原计划施工工期是（　）.

A. 200 天　　B. 240 天　　C. 250 天　　D. 300 天　　E. 350 天

15. 已知 $x^2+y^2=9$, $xy=4$, 则 $\dfrac{x+y}{x^3+y^3+x+y}=$（　）.

A. $\dfrac{1}{2}$　　B. $\dfrac{1}{5}$　　C. $\dfrac{1}{6}$　　D. $\dfrac{1}{13}$　　E. $\dfrac{1}{14}$

二、条件充分性判断：第 16～25 小题，每小题 3 分，共 30 分。要求判断每题给出的条件（1）和条件（2）能否充分支持题干所陈述的结论。A、B、C、D、E 五个选项为判断结果，请选择一项符合试题要求的判断。

（A）条件（1）充分, 但条件（2）不充分.
（B）条件（2）充分, 但条件（1）不充分.
（C）条件（1）和条件（2）单独都不充分, 但条件（1）和条件（2）联合起来充分.
（D）条件（1）充分, 条件（2）也充分.
（E）条件（1）和条件（2）单独都不充分, 条件（1）和条件（2）联合起来也不充分.

16. 实数 a, b, c 成等差数列.
（1）e^a, e^b, e^c 成等比数列.
（2）$\ln a$, $\ln b$, $\ln c$ 成等差数列.

17. 在一次英语考试中, 某班的及格率为 80%.
（1）男生及格率为 70%, 女生及格率为 90%.
（2）男生的平均分与女生的平均分相等.

18. 如图所示，等腰梯形的上底与腰均为 x, 下底为 x+10, 则 x=13.
（1）该梯形的上底与下底之比为 13:23.
（2）该梯形的面积为 216.

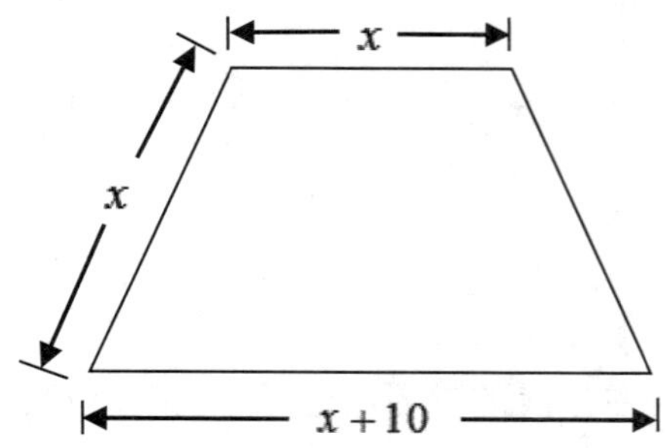

19. 现有 3 名男生和 2 名女生参加面试, 则面试的排序方法有 24 种.
（1）第一位面试的是女生.
（2）第二位面试的是指定的某位男生.

20. 已知三角形 ABC 的三条边长分别是 a, b, c, 则三角形 ABC 是等腰直角三角形.

（1）$(a-b)(c^2-a^2-b^2)=0$.

（2）$c=\sqrt{2}b$.

21. 直线 $ax+by+3=0$ 被圆 $(x-2)^2+(y-1)^2=4$ 截得的线段长度为 $2\sqrt{3}$.

（1）$a=0, b=-1$.

（2）$a=-1, b=0$.

22. 已知实数 a, b, c, d 满足 $a^2+b^2=1, c^2+d^2=1$. 则 $|ac+bd|<1$.

（1）直线 $ax+by=1$ 与 $cx+dy=1$ 仅有一个交点.

（2）$a\neq c, b\neq d$.

23. 某年级共有 8 个班, 在一次年级考试中, 共有 21 名学生不及格, 每班不及格的学生最多有 3 名, 则一班至少有 1 名学生不及格.

（1）二班的不及格人数多于三班.

（2）四班不及格的学生有 2 名.

24. 现有一批文字材料需要打印, 两台新型打印机单独完成此任务分别需要4小时与5小时, 两台旧型打印机单独完成此任务分别需要 9 小时与 11 小时, 则能在 2. 5 小时内完成此任务.

（1）安排两台新型打印机同时打印.

（2）安排一台新型打印机与两台旧型打印机同时打印.

25. 已知 $\{a_n\}$ 为等差数列, 则该数列的公差为零.

（1）对任何正整数 n，都有 $a_1+a_2+\cdots+a_n\leqslant n$.

（2）$a_2\geqslant a_1$.

三、逻辑推理：第 26～55 小题，每小题 2 分，共 60 分。下列每题给出的 A、B、C、D、E 五个选项中，只有一项是符合试题要求的。

26. 巴斯德认为，空气中的微生物浓度与环境状况、气流运动和海拔高度有关。他在山上的不同高度分别打开装着煮过的培养液的瓶子，发现海拔越高，培养液被微生物污染的可能性越小。在山顶上，20 个装了培养液的瓶子，只有 1 个长出了微生物。普歇另用干草浸液做材料重复了巴斯德的实验，却得出不同的结果：即使在海拔很高的地方，所有装了培养液的瓶子都很快长出了微生物。

以下哪项如果为真，最能解释普歇和巴斯德实验所得到的不同结果？

A. 只要有氧气的刺激，微生物就会从培养液中自发地生长出来。

B. 培养液在加热消毒、密封、冷却的过程中会被外界细菌污染。

C. 普歇和巴斯德的实验设计都不够严密。

D. 干草浸液中含有一种耐高温的枯草杆菌，培养液一旦冷却，枯草杆菌的孢子就会复活，迅速繁殖。

E. 普歇和巴斯德都认为，虽然他们用的实验材料不同，但是经过煮沸，细菌都能被有效地杀灭。

27. 张教授的所有初中同学都不是博士。通过张教授而认识其哲学研究所同事的都是博士。张教授的一个初中同学通过张教授认识了王研究员。

以下哪项能作为结论可以从上述断定中推出？

A. 王研究员是张教授的哲学研究所同事。

B. 王研究员不是张教授的哲学研究所同事。

C. 王研究员是博士。

D. 王研究员不是博士。

E. 王研究员不是张教授的初中同学。

28. 一般将缅甸所产的经过风化或经河水搬运至河谷、河床中的翡翠大砾石，称为“老坑玉”。老坑玉的特点是“水头好”、质坚、透明度高，其上品透明如玻璃，故称“玻璃种”或“冰种”。同为老坑玉，其质量相对也有高低之分，有的透明度高一些，有的透明度稍差些，所以价值也有差别。在其他条件都相同的情况下，透明度高的老坑玉比透明度低的单位价值高。但是开采的实践告诉人们，没有单位价值最高的老坑玉。

以上陈述如果为真，可以得出以下哪项结论？

A. 没有透明度最高的老坑玉。

B. 透明度高的老坑玉未必“水头好”。

C. “新坑玉”中也有质量很好的翡翠。

D. 老坑玉的单位价值还决定于其加工的质量。

E. 随着年代的增加，老坑玉的单位价值会越来越高。

29. 某教育专家认为：“男孩危机”是指男孩调皮捣蛋、胆小怕事、学习成绩不如女孩好等现象。近些年，这种现象已经成为儿童教育专家关注的一个重要问题。这位专家在列出一系列统计数据后，提出了“今日男孩为什么从小学、中学到大学全面落后于同年龄段的女孩”的疑问，这无疑加剧了无数男生家长的焦虑。该专家通过分析指出，恰恰是家庭和学校不适当的教育方法导致了“男孩危机”现象。

以下哪项如果为真，最能对该专家的观点提出质疑？

A. 家庭对独生子女的过度呵护，在很大程度上限制了男孩发散思维的拓展和冒险性格的养成。

B．现在的男孩比以前的男孩在女孩面前更喜欢表现出“绅士”的一面。

C．男孩在发展潜能方面要优于女孩，大学毕业后他们更容易在事业上有所成就。

D．在家庭、学校教育中，女性充当了主要角色。

E．现代社会游戏泛滥，男孩天性比女孩更喜欢游戏，这耗去了他们大量的精力。

30．抚仙湖虫是泥盆纪澄江动物群中特有的一种，属于真节肢动物中比较原始的类型，成虫体长10厘米，有31个体节，外骨骼分为头、胸、腹三部分，它的背、腹分节数目不一致。泥盆纪直虾是现代昆虫的祖先，抚仙湖虫化石与直虾类化石类似，这间接表明了抚仙湖虫是昆虫的远祖。研究者还发现，抚仙湖虫的消化道充满泥沙，这表明它是食泥的动物。以下除哪项外，均能支持上述论证？

A．昆虫的远祖也有不食泥的生物。

B．泥盆纪直虾的外骨骼分为头、胸、腹三部分。

C．凡是与泥盆纪直虾类似的生物都是昆虫的远祖。

D．昆虫是由真节肢动物中比较原始的生物进化而来的。

E．抚仙湖虫消化道中的泥沙不是在化石形成过程中由外界渗透进去的。

31．2010年某省物价总水平仅上涨2.4%，涨势比较温和，涨幅甚至比2009年回落了0.6个百分点。可是，普通民众觉得物价涨幅较高，一些统计数据也表明，民众的感觉有据可依。2010年某月的统计报告显示，该月禽蛋类商品价格涨幅达12.3%，某些反季节蔬菜涨幅甚至超过20%。

以下哪项如果为真，最能解释上述看似矛盾的现象？

A．人们对数据的认识存在偏差，不同来源的统计数据会产生不同的结果。

B．影响居民消费品价格总水平变动的各种因素互相交织。

C．虽然部分日常消费品涨幅很小，但居民感觉很明显。

D．在物价指数体系中占相当权重的工业消费品价格持续走低。

E．不同的家庭，其收入水平、消费偏好、消费结构都有很大的差异。

32．随着互联网的发展，人们的购物方式有了新的选择。很多年轻人喜欢在网络上选择自己满意的商品，通过快递送上门，购物足不出户，非常便捷。刘教授据此认为，那些实体商城的竞争力会受到互联网的冲击，在不远的将来，会有更多的网络商店取代实体商店。

以下哪项如果为真，最能削弱刘教授的观点？

A．网络购物虽然有某些便利，但容易导致个人信息被不法分子利用。

B．有些高档品牌的专卖店，只愿意采取街面实体商店的销售方式。

C．网络商店与快递公司在货物丢失或损坏的赔偿方面经常互相推诿。

D．购买黄金珠宝等贵重物品，往往需要现场挑选，且不适宜网络支付。

E．在通常情况下，网络商店只有在其实体商店的支撑下才能生存。

33．受多元文化和价值观的冲击，甲国居民的离婚率明显上升。最近一项调查表明，甲国的平均婚姻存续时间为 8 年。张先生为此感慨，现在像钻石婚、金婚、白头偕老这样的美丽故事已经很难得，人们淳朴的爱情婚姻观一去不复返了。

以下哪项如果为真，最可能表明张先生的理解不确切？

A．现在有不少闪婚一族，他们经常在很短的时间里结婚又离婚。

B．婚姻存续时间长并不意味着婚姻的质量高。

C．过去的婚姻主要由父母包办，现在主要是自由恋爱。

D．尽管婚姻存续时间短，但年轻人谈恋爱的时间比以前增加很多。

E．婚姻是爱情的坟墓，美丽感人的故事更多体现在恋爱中。

34．某集团公司有四个部门，分别生产冰箱、彩电、电脑和手机。根据前三个季度的数据统计，四个部门经理对 2010 年全年的赢利情况做了如下预测：

冰箱部门经理：今年手机部门会赢利。

彩电部门经理：如果冰箱部门今年赢利，那么彩电部门就不会赢利。

电脑部门经理：如果手机部门今年没赢利，那么电脑部门也没赢利。

手机部门经理：今年冰箱和彩电部门都会赢利。

全年数据统计完成后，发现上述四个预测只有一个符合事实。

关于该公司各部门的全年赢利情况，以下除哪项外，均可能为真？

A．彩电部门赢利，冰箱部门没赢利。

B．冰箱部门赢利，电脑部门没赢利。

C．电脑部门赢利，彩电部门没赢利。

D．冰箱部门和彩电部门都没赢利。

E．冰箱部门和电脑部门都赢利。

35．随着数字技术的发展，音频、视频的播放形式出现了革命性转变。人们很快接受了一些新形式，比如 MP3、CD、DVD 等。但是对于电子图书的接受并没有达到专家所预期的程度，现在仍有很大一部分读者喜欢捧着纸质出版物。纸质书籍在出版业中依然占据重要地位。因此有人说，书籍可能是数字技术需要攻破的最后一个堡垒。

以下哪项最不可能对上述现象提供解释？

A．人们固执地迷恋着阅读纸质书籍时的舒适体验，喜欢纸张的质感。

B．在显示器上阅读，无论是笨重的阴极射线管显示器还是轻薄的液晶显示器，都会让人无端地心浮气躁。

C．现在仍有一些怀旧爱好者喜欢收藏经典图书。

D．电子书显示设备技术不够完善，图像显示速度较慢。

E．电子书和纸质书籍的柔软沉静相比，显得面目可憎。

36. 在一次围棋比赛中，参赛选手陈华不时地挤捏指关节，发出的声响干扰了对手的思考。在比赛封盘间歇时，裁判警告陈华：如果再次在比赛中挤捏指关节并发出声响，将判其违规。对此，陈华反驳说，他挤捏指关节是习惯性动作，并不是故意的，因此，不应被判违规。

以下哪项如果成立，最能支持陈华对裁判的反驳？

A．在此次比赛中，对手不时打开、合拢折扇，发出的声响干扰了陈华的思考。

B．在围棋比赛中，只有选手的故意行为，才能成为判罚的根据。

C．在此次比赛中，对手本人并没有对陈华的干扰提出抗议。

D．陈华一向恃才傲物，该裁判对其早有不满。

E．如果陈华为人诚实、从不说谎，那么他就不应该被判违规。

37. 3D 立体技术代表了当前电影技术的尖端水准，由于使电影实现了高度可信的空间感，它可能成为未来电影的主流。3D 立体电影中的银屏角色虽然由计算机生成，但是那些包括动作和表情的电脑角色的“表演”都以真实演员的“表演”为基础，就像数码时代的化妆技术一样。这也引起了某些演员的担心：随着计算机技术的发展，未来计算机生成的图像和动画会替代真人表演。

以下哪项如果为真，最能减弱上述演员的担心？

A．所有电影的导演只能和真人交流，而不是和电脑交流。

B．任何电影的拍摄都取决于制片人的选择，演员可以跟上时代的发展。

C．3D 立体电影目前的高票房只是人们一时图新鲜的结果，未来尚不可知。

D．掌握 3D 立体技术的动画专业人员不喜欢去电影院看 3D 电影。

E．电影故事只能用演员的心灵、情感来表现，其表现形式与导演的喜好无关。

38. 公达律师事务所以为刑事案件的被告进行有效辩护而著称，成功率达 90% 以上。老余是一位以专门为离婚案件的当事人成功辩护而著称的律师。因此，老余不可能是公达律师事务所的成员。

以下哪项最为确切地指出了上述论证的漏洞？

A．公达律师事务所具有的特征，其成员不一定具有。

B．没有确切指出老余为离婚案件的当事人辩护的成功率。

C．没有确切指出老余为刑事案件的当事人辩护的成功率。

D．没有提供公达律师事务所统计数据的来源。

E．老余具有的特征，其所在工作单位不一定具有。

39. 科学研究中使用的形式语言和日常生活中使用的自然语言有很大的不同。形式语言看起来像天书，远离大众，只有一些专业人士才能理解和运用。但其实这是一种误解，自然语言和形式语言的关系就像肉眼与显微镜的关系。肉眼的视域广阔，可以从整体上把握事物的信息；显微镜可以帮助人们看到事物的细节和精微之处，尽管用它看到的范围小。所以，形式语言和自然语言都是人们交流和理解信息的重要工具，把它们结合起来使用，具有强大的力量。

以下哪项如果为真，最能支持上述结论？

A. 通过显微镜看到的内容可能成为新的“风景”，说明形式语言可以丰富自然语言的表达，我们应重视形式语言。

B. 正如显微镜下显示的信息最终还是要通过肉眼观察一样，形式语言表述的内容最终也要通过自然语言来实现，说明自然语言更基础。

C. 科学理论如果仅用形式语言表达，很难被普通民众理解。同样，如果仅用自然语言表达，有可能变得冗长且很难表达准确。

D. 科学的发展很大程度上改善了普通民众的日常生活，但人们并没有意识到科学表达的基础——形式语言的重要性。

E. 采用哪种语言其实不重要，关键在于是否表达了真正想表达的思想内容。

40. 一艘远洋帆船载着5位中国人和几位外国人由中国开往欧洲。途中，除5位中国人外，全患上了败血症。同乘一艘船，同样是风餐露宿，漂洋过海，为什么中国人和外国人如此不同呢？原来这5位中国人都有喝茶的习惯，而外国人却没有。于是得出结论：喝茶是这5位中国人未得败血症的原因。

以下哪项和题干中得出结论的方法最为相似？

A. 警察锁定了犯罪嫌疑人，但是从目前掌握的事实看，都不足以证明他犯罪。专案组由此得出结论，必有一种未知的因素潜藏在犯罪嫌疑人身后。

B. 在两块土壤情况基本相同的麦地上，对其中一块施氮肥和钾肥，另一块只施钾肥。结果施氮肥和钾肥的那块麦地的产量远高于另一块。可见，施氮肥是麦地产量较高的原因。

C. 孙悟空：“如果打白骨精，师父会念紧箍咒；如果不打，师父就会被妖精吃掉。”孙悟空无奈得出结论：“我还是回花果山算了。”

D. 天文学家观测到天王星的运行轨道有特征a、b、c，已知特征a、b分别是由两颗行星甲、乙的吸引造成的，于是猜想还有一颗未知行星造成天王星的轨道特征c。

E. 一定压力下的一定量气体，温度升高，体积增大；温度降低，体积缩小。气体体积与温度之间存在一定的相关性，说明气体温度的改变是其体积改变的原因。

41. 所有重点大学的学生都是聪明的学生。有些聪明的学生喜欢逃学。小杨不喜欢逃学，所以，小杨不是重点大学的学生。

以下除哪项外，均与上述推理的形式类似？

A. 所有经济学家都懂经济学。有些懂经济学的爱投资企业。你不爱投资企业，所以，你不是经济学家。

B. 所有的鹅都吃青菜，有些吃青菜的也吃鱼。兔子不吃鱼，所以，兔子不是鹅。

C. 所有的人都是爱美的，有些爱美的还研究科学，亚里士多德不是普通人，所以，亚里士多德不研究科学。

D. 所有被高校录取的学生都是超过录取分数线的，有些超过录取分数线的是大龄考生，小张不是大龄考生，所以，小张没有被高校录取。

E. 所有想当外交官的都需要学外语，有些学外语的重视人际交往，小王不重视人际交往，所以，小王不想当外交官。

42．按照联合国开发计划署2007年的统计，挪威是世界上居民生活质量最高的国家，欧美和日本等发达国家也名列前茅。如果统计1990年以来生活质量改善最快的国家，发达国家则落后了。至少在联合国开发计划署统计的116个国家中，17年来，非洲东南部国家莫桑比克的生活质量提高最快，2007年其生活质量指数比1990年提高了50%。很多非洲国家取得了和莫桑比克类似的成就。作为世界上最受瞩目的发展中国家，中国的生活质量指数在过去17年中也提高了27%。

以下哪项可以从联合国开发计划署的统计中得出？

A．2007年，发展中国家的生活质量指数都低于西方国家。

B．2007年，莫桑比克的生活质量指数不高于中国。

C．2006年，日本的生活质量指数不高于中国。

D．2006年，莫桑比克的生活质量的改善快于非洲其他各国。

E．2007年，挪威的生活质量指数高于非洲各国。

43．某次认知能力测试，刘强得了118分，蒋明的得分比王丽高，张华和刘强的得分之和大于蒋明和王丽的得分之和，刘强的得分比周梅高。此次测试120分以上为优秀，五人之中有两人没有达到优秀。

根据以上信息，以下哪项是上述五人在此次测试中得分由高到低的排列？

A．张华、王丽、周梅、蒋明、刘强。

B．张华、蒋明、王丽、刘强、周梅。

C．张华、蒋明、刘强、王丽、周梅。

D．蒋明、张华、王丽、刘强、周梅。

E．蒋明、王丽、张华、刘强、周梅。

44．近日，某集团高层领导研究了发展方向问题。王总经理认为：既要发展纳米技术，也要发展生物医药技术；赵副总经理认为：只有发展智能技术，才能发展生物医药技术；李副总经理认为：如果发展纳米技术和生物医药技术，那么也要发展智能技术。最后经过董事会研究，只有其中一位的意见被采纳。

根据以上陈述，以下哪项符合董事会的研究决定？

A．发展纳米技术和智能技术，但是不发展生物医药技术。

B．发展生物医药技术和纳米技术，但是不发展智能技术。

C．发展智能技术和生物医药技术，但是不发展纳米技术。

D．发展智能技术，但是不发展纳米技术和生物医药技术。

E．发展生物医药技术、智能技术和纳米技术。

45．国外某教授最近指出，长着一张娃娃脸的人意味着他将享有更长的寿命，因为人们的生活状况很容易反映在脸上。从1990年春季开始，该教授领导的研究小组对1 826对70岁以上的双胞胎进行了体能和认知测试，并拍了他们的面部照片。在不知道他们确切年龄的情况下，三名研究助手先对不同年龄组的双胞胎进行年龄评估，结果发现，即使是双胞胎，被猜出的年龄也相差很大。然后，研究小组用若干年时间对这些双胞胎的晚年生活进行了跟踪调查，直至他们去世。调查表明：双胞胎中，外表年龄差异越大，看起来老的那个就越可能先去世。

以下哪项如果为真，最能形成对该教授调查结论的反驳？

A. 如果把调查对象扩大到40岁以上的双胞胎，结果可能有所不同。

B. 三名研究助手比较年轻，从事该项研究的时间不长。

C. 外表年龄是每个人生活环境、生活状况和心态的集中体现，与生命老化关系不大。

D. 生命老化的原因在于细胞分裂导致染色体末端不断损耗。

E. 看起来越老的人，在心理上一般较为成熟，对于生命有更深刻的理解。

46. 由于含糖饮料的卡路里含量高，容易导致肥胖，因此无糖饮料开始流行。经过一段时期的调查，李教授认为：无糖饮料尽管卡路里含量低，但并不意味它不会导致体重增加。因为无糖饮料可能导致人们对于甜食的高度偏爱，这意味着可能食用更多的含糖类食物。而且无糖饮料几乎没什么营养，喝得过多就限制了其他健康饮品的摄入，比如茶和果汁等。

以下哪项如果为真，最能支持李教授的观点？

A. 茶是中国的传统饮料，长期饮用有益健康。

B. 有些瘦子也爱喝无糖饮料。

C. 有些胖子爱吃甜食。

D. 不少胖子向医生报告他们常喝无糖饮料。

E. 喝无糖饮料的人很少进行健身运动。

47. 只有公司相应部门的所有员工都考评合格了，该部门的员工才能得到年终奖金；财务部有些员工考评合格了；综合部所有员工都得到了年终奖金；行政部的赵强考评合格了。

如果以上陈述为真，则以下哪项可能为真？

I. 财务部员工都考评合格了。

II. 赵强得到了年终奖金。

III. 综合部有些员工没有考评合格。

IV. 财务部员工没有得到年终奖金。

A. 仅I、II。

B. 仅II、III。

C. 仅I、II、IV。

D. 仅I、II、III。

E. 仅II、III、IV。

48. 随着文化知识越来越重要，人们花在读书上的时间越来越多，文人学子中近视患者的比例也越来越高。即便是在城里工人、乡镇农民中，也能看到不少人戴近视眼镜。然而，在中国古代很少发现患有近视的文人学子，更别说普通老百姓了。

以下除哪项外，均可以解释上述现象？

A. 古时候，只有家庭条件好或者有地位的人才读得起书。即便读书，用在读书上的时间也很少，那种头悬梁、锥刺股的读书人更是凤毛麟角。

B. 古时交通工具不发达，出行主要靠步行、骑马，足量的运动对于预防近视有一定的作用。

C. 古人生活节奏慢，不用担心交通安全，所以即使患了近视，其危害也非常小。

D. 古代自然科学不发达，那时学生读的书很少，主要是四书五经，一本《论语》要读好几年。

E. 古人书写用的是毛笔，眼睛和字的距离比较远，写的字也相对大些。

49～50题基于以下题干：

某家长认为，有想象力才能进行创造性劳动，但想象力和知识是天敌。人在获得知识的过程中，想象力会消失。因为知识符合逻辑，而想象力无章可循。换句话说，知识的本质是科学，想象力的特征是荒诞。人的大脑一山不容二虎：学龄前，想象力独占鳌头，脑子被想象力占据；上学后，大多数人的想象力被知识驱逐出境，他们成为知识渊博但丧失了想象力、终身只能重复前人发现的人。

49. 以下哪项是该家长论证所依赖的假设？

I. 科学是不可能荒诞的，荒诞的就不是科学。

II. 想象力和逻辑水火不相容。

III. 大脑被知识占据后很难重新恢复想象力。

A. 仅I。

B. 仅II。

C. 仅I和II。

D. 仅II和III。

E. I、II和III。

50. 以下哪项与家长的上述观点矛盾？

A. 如果希望孩子能够进行创造性劳动，就不要送他们上学。

B. 如果获得了足够知识，就不能进行创造性劳动。

C. 发现知识的人是有一定想象力的。

D. 有些人没有想象力，但能进行创造性劳动。

E. 想象力被知识驱逐出境是一个逐渐的过程。

51. 某公司总裁曾经说过："当前任总裁批评我时，我不喜欢那感觉，因此，我不会批评我的继任者。"

以下哪项最有可能是该总裁上述言论的假设？

A. 当遇到该总裁的批评时，他的继任者和他的感觉不完全一致。

B. 只有该总裁的继任者喜欢被批评的感觉，他才会批评继任者。

C. 如果该总裁喜欢被批评，那么前任总裁的批评也不例外。

D. 该总裁不喜欢批评他的继任者，但喜欢批评其他人。

E. 该总裁不喜欢被前任总裁批评，但喜欢被其他人批评。

52. 在恐龙灭绝6500万年后的今天，地球正面临着又一次物种大规模灭绝的危机。截至上个世纪末，全球大约有 20% 的物种灭绝。现在，大熊猫、西伯利亚虎、北美玳瑁、巴西红木等许多珍稀物种面临着灭绝的危险。有三位学者对此做了预测。

学者一：如果大熊猫灭绝，则西伯利亚虎也将灭绝；

学者二：如果北美玳瑁灭绝，则巴西红木不会灭绝；

学者三：或者北美玳瑁灭绝，或者西伯利亚虎不会灭绝。

如果三位学者的预测都为真，则以下哪项一定为假？

A. 大熊猫和北美玳瑁都将灭绝。

B. 巴西红木将灭绝，西伯利亚虎不会灭绝。

C. 大熊猫和巴西红木都将灭绝。

D. 大熊猫将灭绝，巴西红木不会灭绝。

E. 巴西红木将灭绝，大熊猫不会灭绝。

53. 一些城市，由于作息时间比较统一，加上机动车太多，很容易形成交通早高峰和晚高峰。市民们在高峰时间上下班很不容易，为了缓解人们上下班的交通压力，某政府顾问提议采取不同时间段上下班制度，即不同单位可以在不同的时间段上下班。

以下哪项如果为真，最可能使该顾问的提议无法取得预期效果？

A. 有些上班时间段与员工的用餐时间冲突，会影响他们生活的乐趣，从而影响他们的工作积极性。

B. 许多上班时间段与员工的正常作息时间不协调，他们需要较长一段时间来调整适应，这段时间的工作效率难以保证。

C. 许多单位的大部分工作通常需要员工们在一起讨论，集体合作才能完成。

D. 该市的机动车数量持续增加，即使不在早晚高峰期，交通拥堵也时有发生。

E. 有些单位员工的住处与单位很近，步行即可上下班。

54. 统计数字表明，近年来，民用航空飞行的安全性有很大提高。例如，某国 2008 年每飞行 100 万次发生恶性事故的次数为 0.2 次，而 1989 年为 1.4 次。从这些年的统计数字看，民用航空恶性事故发生率总体呈下降趋势。由此看出，乘飞机出行越来越安全。

以下哪项不能加强上述结论？

A. 近年来，飞机事故中“死里逃生”的概率比以前提高了。

B. 各大航空公司越来越注意对机组人员的安全培训。

C. 民用航空的空中交通控制系统更加完善。

D. 避免“机鸟互撞”的技术与措施日臻完善。

E. 虽然飞机坠毁很可怕，但从统计数字上讲，驾车仍然要危险很多。

55. 有医学研究显示，行为痴呆症患者大脑组织中往往含有过量的铝。同时有化学研究表明，一种硅胶化合物可以吸收铝。陈医生据此认为，可以用这种硅化合物治疗行为痴呆症。

以下哪项是陈医生最可能依赖的假设？

A. 行为痴呆症患者大脑组织的含铝量通常过高，但具体数量不会变化。

B．该硅化合物在吸收铝的过程中不会产生副作用。

C．用来吸收铝的硅化合物的具体数量与行为痴呆症患者的年龄有关。

D．过量的铝是导致行为痴呆症的原因，患者脑组织中的铝不是痴呆症引起的结果。

E．行为痴呆症患者脑组织中的铝含量与病情的严重程度有关。

四、写作：第56～57小题，共65分。其中论证有效性分析30分，论说文35分。

56. 论证有效性分析：分析下述论证中存在的缺陷和漏洞，选择若干要点，写一篇600字左右的文章，对该论证的有效性进行分析和评论。（论证有效性分析的一般要点是：概念特别是核心概念的界定和使用是否准确并前后一致，有无各种明显的逻辑错误，论证的论据是否成立并支持结论，结论成立的条件是否充分，等等。）

如果你要从股市中赚钱，就必须低价买进股票，高价卖出股票，这是人人都明白的基本道理。但是问题的关键在于如何判断股票价值的高低。只有正确地判断股价的高低，上述的基本道理才有意义，否则就毫无实用价值。

股价的高低是一个相对的概念，只有通过比较才能显现。一般来说，要正确判断某一股票的价格高低，唯一的途径就是看它的历史表现。但是有人在判断当前某一股票的高低时，不注重股票的历史表现，而只注重股票今后的走势，这是一种危险的行为。因为股票的历史表现是一种客观事实，客观事实具有无可争辩的确定性；股票的今后走势只是一种主观预测，主观预测具有极大的不确定性。我们怎么可以只凭主观预测而不顾客观事实呢？

再说，股价的未来走势充满各种变数，它的涨和跌不是必然的，而是或然的。我们只能借助概率进行预测。假如宏观经济、市场态势和个人股表现均好，它的上涨概率就大；假如宏观经济、市场态势和个股表现均不好，它的上涨概率就小；假如宏观经济、市场态势和个股表现不相一致，它的上涨概率就需要酌情而定。

由此可见，要从股市获取利益，第一是要掌握股价涨跌的概率，第二还是要掌握股价涨跌的概率，第三也还是要掌握股价涨跌的概率。掌握了股价涨跌的概率，你就能赚钱；否则，你就会赔钱。

57. 根据下述材料，写一篇700字左右的论说文，题目自拟。

众所周知，人才是立国、富国、强国之本。如何使人才尽快地脱颖而出，是一个亟待解决的问题。人才的出现有多种途径，其中有“拔尖”，有“冒尖”。拔尖是指被提拔而成为尖子，冒尖是指通过奋斗、取得成就而得到社会公认。有人认为，当今某些领域的管理人才，拔尖的多而冒尖的少。

2011年综合真题答案

一、问题求解

1. B	2. A	3. C	4. B	5. D
6. E	7. B	8. D	9. E	10. D
11. E	12. D	13. A	14. D	15. C

二、条件充分性判断

16. A	17. E	18. D	19. B	20. C
21. B	22. A	23. D	24. D	25. C

三、逻辑推理

26. D	27. B	28. A	29. E	30. A
31. D	32. E	33. A	34. B	35. C
36. B	37. E	38. A	39. C	40. B
41. C	42. E	43. B	44. B	45. C
46. D	47. C	48. C	49. E	50. D
51. B	52. C	53. D	54. E	55. D

四、写作

见解析。

详细解析和精讲

扫码查看2011年
综合真题解析

扫码观看综合真题
同步直播课程